BÜZZ

© Buzz Editora, 2023

Publisher ANDERSON CAVALCANTE
Editora TAMIRES VON ATZINGEN
Assistentes editoriais LETÍCIA SARACINI, PEDRO ARANHA
Preparação BÁRBARA WAIDA
Revisão MARIA PAULA MYOBUN, ALEXANDRA MARIA MISURINI
Projeto gráfico ESTÚDIO GRIFO
Assistente de design NATHALIA NAVARRO
Ilustração de capa NATHALIA NAVARRO

*Nesta edição, respeitou-se o novo Acordo Ortográfico
da Língua Portuguesa.*

Dados Internacionais de Catalogação na Publicação (CIP)
(Câmara Brasileira do Livro, SP, Brasil)

Morais, Andréa Fernanda
*Bem te quero: Conselhos para que você tenha uma maternidade
linda* / Andréa Fernanda Morais.
1. ed. – São Paulo: Buzz Editora, 2023.

ISBN 978-65-5393-215-9

1. Cartas 2. Experiências - Relatos 3. Filhos - Criação
4. Mães e filhas 5. Maternidade 6. Mulheres - Biografia
7. Relatos pessoais I. Título.

23-150157 CDD-920.72

Índices para catálogo sistemático:
1.Mulheres: Biografia 920.72

Aline Graziele Benitez – Bibliotecária – CRB-1/3129

Todos os direitos reservados à:
Buzz Editora Ltda.
Av. Paulista, 726, mezanino
CEP 01310-100, São Paulo, SP
[55 11] 4171 2317
www.buzzeditora.com.br

Andréa Fernanda Morais

bem te quero

Conselhos para que você tenha
uma maternidade linda

Que este livro seja um lembrete de que eu
BEM TE QUERO
e de que você pode contar comigo.

Para minha filha, Linda,
e para todas as gerações de mulheres
que vierem a partir da nossa família.

11	Introdução
13	O puerpério começa antes do puerpério
15	Pode ser que seja a última vez
17	Quando as coisas fogem do nosso controle, elas continuam no controle de Deus
21	Eu preferiria despertar várias vezes com o choro de um bebê a ficar insone pela ausência dele
23	Uma grande vitória é feita de pequenos milagres
25	Um filho é criado a muitas mãos
27	O irmão é o presente
29	Amor de mãe não é dividido, é multiplicado
31	AMARmentar
35	Crescer dói
37	Não se culpe por se sentir cansada
39	Cuidar bem de você, para cuidar bem de quem você ama
41	Não é sobre dar conta de tudo, mas sobre escolher o que mais importa agora
43	É uma escolha amar ou odiar o sacrifício
45	O choro no meio da noite é um chamado maior
47	O pai de que você pode não se lembrar e o marido que ele nunca deixou de ser
51	Unidade
55	Você tem o direito de escolher
59	Não se compare

61	Uma boa mãe não é uma mãe perfeita
63	Novos ciclos e novas amizades
67	Quando se tornar mãe, lembre-se de não deixar de ser esposa
71	Não tenham o divórcio como uma opção
75	O que de mais valioso uma mãe pode fazer por um filho é orar por ele
79	Ensine os seus filhos a se relacionar com Deus
83	Profetize bênçãos na vida dos seus filhos
87	Invista tempo conhecendo seus filhos
89	Eles não são você
93	O "não" é um presente
95	O momento certo para ter filhos
97	A mãe que trabalha fora
101	É tudo isso!
103	Vocês me deram mais do que "tiraram"
105	O amor se constrói todos os dias
109	Tempo individual
111	Seja mais comprometida com a salvação do que com o sucesso dos seus filhos
115	Não julgue os dias pela colheita
117	Você pode mudar de ideia
119	Não é sobre mim, nem sobre você
121	Um dia será o último
125	Agradecimentos

Introdução

Escrevi este livro, primeiramente, com a intenção de ser um dos presentes mais íntimos que eu poderia dar à minha filha e também à minha nora, quando elas estivessem passando pelo puerpério e por sua busca pelo entendimento da maternidade. Mas, de alguma forma, senti que ele poderia servir a mais pessoas. Servir àquela filha que não tem mais uma mãe para conversar sobre isso, ou até mesmo à mãe que deseja transmitir à filha sentimentos e experiências, porém não sabe como traduzi-los em palavras. Servir àquela amiga que deseja presentear quem acabou de ganhar nenê, ou à mãe que deseja ter alguém para conversar e encontrará, de alguma forma, uma amiga nestas palavras.

Nele, você não encontrará uma receita de maternidade, mas meu compartilhar sobre essa área da minha vida, minhas confissões mais sinceras, meus pensamentos mais conflitantes e as "sacudidas" mais intensas que Deus já me deu.

Entendo que os desafios que cada mulher venha a passar nessa fase podem ser diferentes e os aprendizados, também, por isso, não quero de forma alguma dizer que esses são ensinamentos para todo puerpério e maternidade, mas acredito que possam ser mais como uma "conversa" entre amigas. Pessoas que podem falar entre si, sem ressalvas, sem medo dos julgamentos, entendendo que serão ouvidas e acolhidas nas suas próprias questões dessa fase.

Meu desejo mais profundo é que a mãe que tiver acesso a este livro não se sinta só. Apesar de ele ter sido escrito pensando em minha filha, ele não deixa de ser, também, para cada mulher que lê-lo. Então, toda vez que ler as palavras "filha", "amada", "querida", "minha menina", sinta-se acolhida como se fosse a sua mãe, ou uma pessoa que te ama muito, quem as escreveu. Este livro é, também, um incentivo para colocar seus sentimentos, dúvidas, pensamentos e aprendizados em palavras, para que, em tempo oportuno, elas também sirvam àqueles que você ama.

O puerpério começa antes do puerpério

Minha menina, muito se diz que o puerpério começa a ser contado após o nascimento do bebê, mas tomei a liberdade de acrescentar a esse "período" alguns dias ou até um mês antes do parto.

O último mês da gestação muitas vezes parece durar uma eternidade. As idas ao banheiro ficam mais frequentes, inclusive na madrugada. Eu sempre digo que esse despertar noturno é um ensaio para que, muito em breve, possamos acordar e amamentar o recém-nascido, e que Deus é perfeito até em nos preparar para isso.

Essa fase é marcada pelas dores na coluna, por não achar posição para dormir, pelo desafio para levantar-se, pela azia, pelo dilema de não ter roupas servindo, mas não querer comprar outras por saber que as usará por pouco tempo. Pela vontade de descansar, apesar da infinidade de coisas para se colocar em ordem na reta final, ou mesmo pela minha tentativa de dedicar ainda mais tempo e atenção a você, filha única, com dias contados para mudar esse "status", com a intenção de não te permitir sentir tanto essa mudança que está prestes a abalar, de certa forma, seu mundo e sua rotina. Também é marcada pela expectativa, pela ansiedade com a chegada do bebê, e, não vou mentir, pelo medo do novo, do "como será?", do "será que darei conta?".

Nessa fase, é bem provável que você acorde alguns dias pensando que não aguenta mais nem um dia assim, mas ainda virão outros para provar que você dá conta. E, digo novamente, é um ensaio, meu amor, do que virá. Uma prova de que, com Deus, você é capaz, forte, de que os dias desafiadores não nos matam, mas nos fortalecem, e um lembrete, também, de que eles passam.

Não quero, aqui, fazer um terrorismo sobre esse período, me perdoe se, em algum momento, tiver passado essa impressão. A verdade é que minha intenção é só dizer que eu te entendo, que entendo o desafio pelo qual passa. Entendo a possível dor e o cansaço, entendo a ansiedade, entendo o medo, entendo também se for mais diferente pra você do que foi para mim. E espero que, seja como for, você saiba aproveitar, mesmo que possa parecer impossível fazer isso. Com amor, paciência e coração aberto, você encontrará uma forma.

Tire fotos da barriga, de você, mesmo que não estiver se sentindo tão bem consigo mesma. Registre o máximo possível. Você pode não acreditar, mas sentirá falta desse barrigão, da sensação de ter alguém dentro dele, do privilégio de gerar e de "ser morada".

Pode ser que seja a última vez

Nessa segunda gestação, me peguei aproveitando ainda mais cada momento, mesmo os desafiadores.

Quando decidimos ter um segundo filho, veio também aquela questão se teríamos outro ou outros depois desse. Enquanto escrevo este livro, essa pergunta ainda se mantém sem resposta, mas decidi me comportar como se essa gestação fosse a última.

Chegar a essa decisão me fez ficar mais atenta a cada momento, a prestar realmente mais atenção em tudo, a me permitir sentir com intensidade as mudanças, os desejos, os conflitos, os questionamentos.

Eu troquei o reclamar de qualquer coisa pelo "pode ser que seja a última vez que eu viva isso, sinta isso, pense isso, me questione sobre isso", e essa troca me deu uma outra perspectiva de cada momento. Eles se tornaram mais especiais quando passaram a ser vistos como únicos, raros e últimos.

Já percebeu que, às vezes, nos anestesiamos, deixamos a vida passar sem nos atentar a nada? Eu não queria deixar que nada me roubasse essas memórias. Então, me lembrei, dia após dia, de vivê-las da melhor forma.

Se eu pudesse te dar uma dica, eu diria para fazer a si mesma esse mesmo convite: trate qualquer coisa que quiser fazer como se fosse a última vez a ser feita, sentida e vivida.

Acredito ser bem provável que, se agir assim, trocando o filtro do seu olhar e do seu coração, poderá viver e absorver melhor cada momento, mesmo os mais desafiadores. E não se assuste se "viver como se fosse a última vez" fizer com que você perceba que não deseja que essa vez seja a última.

Quando as coisas fogem do nosso controle, elas continuam no controle de Deus

Minha filha, nós podemos fazer planos, podemos nos preparar, podemos cuidar daquilo sobre o que acreditamos ter controle, mas, no fim das contas, a resposta certa vem do Senhor, bem como está escrito em Provérbios 16:1.

A data provável do parto do seu irmão era 13 de setembro de 2022 e, como você nasceu com 39 semanas e quatro dias, eu fiquei tentada a acreditar que ele também chegaria com mais semanas. Mas, quando o nono mês se anunciou, percebi que poderia estar enganada.

Eu desacelerei quando vi a barriga abaixando e o nariz começando a inchar. Mudei os planos de ir a um show que queria com seu pai, na sexta, quando a médica avisou na consulta de quinta, 18 de agosto, que estaria viajando no final de semana e recomendou que eu repousasse, caso quisesse que fosse ela mesma a fazer o parto.

Fiquei mais quietinha, sem fazer tanto esforço, acreditando que isso fosse o suficiente para que chegássemos, pelo menos, até o dia 23, quando estaríamos fora da linha da prematuridade.

Mas na segunda, logo pela manhã, enquanto preparava o nosso café, o Noah resolveu avisar que havia chegado a hora de ele nascer. A bolsa estourou.

Estava quase tudo pronto, ainda bem. Mas, por mais que ele tenha escolhido a hora de nascer, eu ainda carregava no peito a incerteza sobre aquela ser, realmente, a melhor hora, já que nascer prematuro tem seus riscos.

Eu fiz tudo que estava no meu controle para uma gestação tranquila e saudável e sabia que, a partir dali, precisava descansar, ainda mais, no Senhor.

Quando estava grávida de você, também tive "planos mudados". Por mais que eu tenha feito Pilates, fisioterapia pélvica, tenha me mantido ativa com caminhadas frequentes, lido tudo que podia sobre parto normal. Por mais que eu tenha feito um milhão de perguntas à minha médica, assistido aos documentários disponíveis sobre o assunto, conversado com as amigas que tinham sido mães. Ainda que tivesse me sentido, de certa forma, preparada para o que viesse, ainda assim me surpreendi quando, depois de quase 17 horas de trabalho de parto, uma dilatação que não evoluía, uma taquicardia que persistiu por horas e um exame de covid positivo, você nasceu por meio de uma cesárea.

E por que estou te contando tudo isso?

Para falar qual foi a primeira coisa que Deus tratou em mim nessa fase: o meu controle. O meu achar que minha capacidade (intelectual, emocional, física, financeira) poderia fazer por mim e pelos meus tudo que eu planejava, exatamente como eu queria.

Deus me mostrou que minha dependência tem de estar Nele, que o controle de todas as coisas é Dele, que o melhor para mim e para os meus quem conhece é Ele e que, mesmo quando as coisas fogem do meu controle, elas ainda continuam no controle Dele.

Mesmo quando meus planos foram "frustrados", os planos Dele se cumpriram (Jó 42:2).

Minha menina, nem sempre as coisas vão acontecer da forma como você quer ou planejou, mas leia essas palavras com amor – e espero que as receba no seu coração. O fato de algo não acontecer do "seu jeito" não significa que deu errado, quer dizer apenas que Deus pode estar aproveitando essa oportunidade para te ensinar algo. E aprender com Ele é sempre melhor do que contar somente com nossos caprichos atendidos. Um bom Pai não nos dá somente o que desejamos, mas está sempre atento para nos oferecer aquilo que precisamos.

Eu preferiria despertar várias vezes com o choro de um bebê a ficar insone pela ausência dele

Ao nascer, seu irmão teve um desconforto respiratório, comum em prematuros, e precisou ir para a UTI. Lembro-me da enfermeira dizendo, quando cheguei ao quarto, sem o Noah nos meus braços, sem ter conseguido amamentá-lo e com uma angústia crescente no meu peito, que à meia-noite eu já poderia tomar um banho, com a ajuda dela, e depois disso me levaria para vê-lo, se assim eu quisesse. Orientou que, até lá, eu descansasse, como se aquilo fosse fácil ou possível naquelas circunstâncias. A verdade é que era, eu só não me lembrava disso.

A minha confiança ainda estava em mim, no hospital de qualidade que havíamos escolhido, na equipe médica que havíamos pagado, em tudo que parecia estar no meu controle, e, ao mesmo tempo, nada mais estava.

Não tinha nada que eu pudesse fazer, a não ser esperar e confiar em Deus para que tudo fosse resolvido o mais breve possível. E para alguém, minha filha, acostumada a resolver, a fazer, a colocar a "mão na massa", esperar é um exercício desafiador. Aquelas seis horas de espera, até o reencontro, pareciam se desenrolar em câmera lenta. Eu me lembro da escuridão do quarto, preparado para horas de descanso, do silêncio do ambiente e do barulho da minha mente inquieta, do meu coração choroso, da minha oração aflita.

Dizer "eu confio" é fácil. Exercitar essa confiança é desafiador.

Foi nesse tempo, que parecia estar em pausa, que Deus revelou o que gostaria de trabalhar em mim com aquela ausência.

Eu me lembro de temer a quantidade de vezes que acordaria, de novo, nessa fase, com um recém-nascido. Lembro-me de ter medo de as noites parecerem longas demais e de as horas de descanso não serem suficientes. Eu sei que Deus conhecia meus temores, mesmo os nunca ditos, como conhece TUDO em mim. E foi naquele quarto silencioso, com horas seguidas disponíveis para eu dormir sem que eu conseguisse fazer isso, mesmo podendo, que percebi: não reclamaria nem uma só vez se tivesse que acordar para amamentar ou acolher seu irmão quando chorasse. E que eu preferia isso, mesmo que por várias noites, a qualquer outra noite como aquela, na ausência dele.

Minha menina, às vezes, é preciso que a ausência de algo ou alguém nos mostre como a presença, mesmo com todos os seus desafios, é melhor. É preciso o silêncio para mudar nossa perspectiva sobre o choro. É preciso a insônia da preocupação para mudar nossa concepção sobre os despertares. É preciso a incerteza da presença para nos fazer valorizar cada colo a ser dado, mesmo nas madrugadas.

Eu espero, meu amor, que você não precise sentir essa distância para aprender o que aprendi. E que minha dor, de alguma forma, te alcance em aprendizado e acalento, para quando chegar sua vez de acordar algumas vezes na madrugada, por um tempo, se for necessário, pelos seus.

Uma grande vitória é feita de pequenos milagres

A UTI neonatal é um local de desespero ou esperança. Você pode escolher qual dessas perspectivas vai abraçar. Quando fui até o Noah pela primeira vez, ainda naquela noite, ignorei, em um primeiro momento, todos os outros bebês que se encontravam ali, porque tudo que eu queria era ver seu irmão.

Seu pai havia acompanhado, mais cedo, Noah e os médicos até ali, enquanto eu fiquei em uma sala de recuperação da cesárea. Por isso, quando ele voltou pra lá, naquele momento comigo, seu pai sabia me dizer que seu irmão estava melhor do que mais cedo; o suporte de oxigênio já havia diminuído e ele estava evoluindo. A equipe médica confirmou o que ele disse, e meu coração começou a entrar em um ritmo "certo" novamente.

Foi só quando voltei pela manhã, já mais calma e confiante com os avanços que Noah havia feito na madrugada, que consegui notar melhor o que acontecia à minha volta naquele ambiente. Bebês nascidos em extrema prematuridade, pais não recebendo notícias boas como as que eu recebia. Mais tarde, no horário de visita, conheci pais que tinham recebido alta havia meses. Eles haviam voltado para casa sem os seus filhos, e tinham uma rotina de ir visitar seus bebês diariamente, na expectativa de que estivessem melhorando, mas nem sempre encontravam retorno positivo.

Foi ali, naquele ambiente, ao qual voltei a cada três horas naquele segundo dia de vida do seu irmão, que pude, a cada visita, agradecer por um milagre. Às vezes, minha menina, é preciso não ter algo que nos pareça natural e simples para que possamos nos lembrar de agradecer por isso. Por exemplo, é raro eu acordar e agradecer por conseguir respirar sozinha ou comer, porque são coisas que faço naturalmente. Mas, naquele dia, eu me vi agradecendo quando a sonda foi tirada e Noah conseguiu tomar mamadeira, me vi sendo grata pela diminuição do suporte de oxigênio até que ele conseguisse respirar sem se cansar. Fiquei emocionada quando pude segurá-lo e ele não se cansou em demasia com isso, e me entreguei às lágrimas, que havia inutilmente tentado segurar até então, quando pude amamentá-lo e ele não precisou de suporte respiratório depois desse esforço. Sorri, aquele sorriso largo e sem receios, quando ele tomou banho e pôde ser amamentado novamente, sem sofrer nenhuma alteração com essa rotina.

Quando a noite chegou, e me ligaram falando que eu não precisava descer para dar de mamar às 20h porque Noah havia recebido alta da UTI e estava indo para o quarto, eu sabia, no meu coração, que aquela grande vitória era fruto de pequenos milagres que Deus havia nos permitido reconhecer ao longo do dia.

Meu desejo mais sincero, meu amor, é que você perceba os pequenos milagres e vitórias diários, e que seu coração possa ser tomado pela gratidão de perceber como Deus, o tempo todo, está cuidando de vocês.

Um filho é criado
a muitas mãos

O Noah nasceu em uma segunda à tarde, permaneceu na UTI até terça à noite e ficou conosco no quarto durante um dia inteiro de observação. Na quinta pela manhã, quando a médica foi até o nosso quarto, já nos encontrou com malas prontas e arrumados para voltar para casa. Ela riu da nossa confiança, de que seríamos liberados para ir embora e eu disse a ela que não havia a opção de ficar: eu precisava voltar para encontrar você.

Quando você nasceu, eu tive muito medo de deixar o hospital. Eu me sentia segura lá, pensava não estar pronta para voltar ao lar e não ter mais todo aquele suporte médico, tão prontamente, caso fosse necessário. Isso porque você perdeu bastante peso nos primeiros dias, e também teve icterícia, exigindo que algumas medidas fossem tomadas ainda no hospital.

Eu me lembro de ter chorado e falado com a minha médica que tinha medo de deixar você morrer. Sim, eu tive esse medo desesperador. E ela me acolheu, me abraçou e disse que os bebês eram feitos com instinto para sobreviver e não o contrário. Disse que não havia nada grave, tudo que tinha acontecido era "normal" e controlável, e que você ficaria bem no nosso lar.

Quando chegou a vez de Noah ir para casa, eu já estava mais confiante de que tudo daria certo. Mas, além disso, eu estava com saudade de você, minha menina. Eu sabia que o lugar de todos nós era onde pudéssemos estar juntos.

O que me deixava um pouco mais em paz em relação ao tempo que fiquei no hospital era a certeza de que você estava sendo bem cuidada. Você tinha ficado com a tia Malu e a babá e, no dia seguinte, sua vovó Janet também chegou para ficar com você. Lembro-me de receber os vídeos que mostravam como você estava feliz com a chegada dela. E também, de receber vídeos com você falando muitas palavras novas.

Não dá para pausar o tempo, meu amor. Enquanto eu estava longe, você continuava crescendo, se desenvolvendo, fazendo novas descobertas. E que bom ter deixado você em um ambiente seguro e com pessoas que te amam, para que se sentisse acolhida e bem para continuar seguindo a sua jornada da melhor forma.

Sabe, minha menina, eu já fui muito centralizadora, alguém que acreditava que, se quisesse algo muito bom, só eu conseguiria fazer. Confessar isso também é admitir o que Deus tratou em mim. A maternidade foi o maior exercício de confiança em outras pessoas durante a minha vida. Também foi o momento em que percebi que tudo bem não "dar conta" de tudo sempre. Que aceitar ajuda não fazia de mim uma mãe ruim. A verdade é que entendi: para mim, não era luxo ser ajudada, mas uma necessidade estar cercada por uma rede de apoio.

A minha ausência foi sentida por você? Claro. Mas houve presenças muito importantes nesse período, que alegraram seu coração, colocaram sorrisos no seu rosto, encheram de amor os seus dias e fizeram com que o tempo passasse mais rápido até o nosso reencontro.

Ter com quem contar é um privilégio e eu espero poder estar com você, meu amor, caso seja o seu desejo, quando chegar a sua hora de ter um bebê. Mas, se eu não estiver, quero que se lembre de que "dar conta de algo e de quem precisa" não é só poder contar com suas próprias mãos e força, mas também com as mãos e a força das pessoas em quem você confia e que te amam.

O irmão é o presente

Certa vez, me perguntaram se eu iria comprar algo de presente para você e dizer que foi seu irmão que trouxe, ao nascer. Aquilo me fez refletir, sabe? Porque, por mais que não houvesse maldade na pergunta, existe um erro nesse comportamento. Eu acredito que a mentira jamais compensa e que, mais que isso, dizer que "o irmão mandou um presente", colocando o foco em outra coisa, é perder a oportunidade de ensinar que O IRMÃO É O PRESENTE.

Durante toda a gestação, fomos construindo com você uma ideia, mesmo que muito abstrata, do irmão. Incentivamos você a dar "bom dia" e "boa noite" para o bebê ainda na barriga, contar histórias para ele, fazer carinho nele. Durante o seu banho, você sempre queria molhar a barriga da mamãe, como se estivesse dando banho no bebê também e, não rara as vezes, quando chegava perto da barriga, a abraçava voluntariamente.

Junto com você, preparamos o quarto do bebê, vibramos com cada presente que ganhamos, preparamos a mala e aguardamos o momento da chegada dele. Eu te ensinei que, quando a mala não estivesse mais no quarto, era porque o bebê estaria chegando à casa e, todos os dias pela manhã, você ia ao quarto do bebê conferir se a mala ainda estava lá. E esse dia chegou, você já sabe, mas quero contar agora sobre o dia em que vocês se conheceram.

O dia do encontro chegou cheio de expectativas. Eu o gravei, para te mostrar um dia. Mas adianto que teve sorriso, carinho, beijo, grude, querer fazer tudo com ele e igual a ele. Após essa chegada, todos os dias foram de descobertas, ajustes, possibilidades de conhecer e se adaptar à presença daquele bebê que tinha chegado e não iria mais embora.

Sabe, meu amor, a ideia de muitos é que ter um irmão é importante para que a gente aprenda a dividir, e ouvir essa palavra dessa forma pode até soar como se ter um irmão significasse perder algo, como se fosse mais uma lição que um presente. Por isso, prefiro usar o termo "compartilhar". Ter um irmão é ter a chance de compartilhar experiências, brinquedos, desafios, momentos felizes. É ter a chance de compartilhar os mesmos pais, outros irmãos, um quarto, algumas roupas, figurinhas, colo, abraços, carinho, a vida, esse mundo. É uma grande chance de não estar só, de crescer com um possível melhor amigo que mora na mesma casa que você.

Minha menina, o que Deus tratou em mim nesse dia e que divido agora com você é: ter uma presença especial é melhor que receber algo. Quem nós temos na nossa vida é melhor que aquilo que temos na vida, lembre-se disso. Não estou dizendo que ter coisas não tenha seu valor. Só quero que tenha a perspectiva certa de que pessoas são mais importantes que coisas. E que demos a vocês (você e seu irmão) o melhor presente do mundo: ter um ao outro.

Amor de mãe não é dividido, é multiplicado

Eu não sei se você terá esse medo, minha menina, de não amar da mesma forma o segundo filho, se o tiver. Mas, se isso acontecer, eu gostaria de te convidar a refletir sobre algumas coisas.

Somos levados, muitas vezes, a pensar pelo sentimento de escassez. Como se o amor fosse algo limitado, do qual há uma determinada quantidade e que, nesse sentido, quanto mais pessoas desfrutarem do que podemos oferecer, menos terão de nós.

Mas precisamos entender QUEM é amor para compreender a imensidão dele. Deus é amor, e Ele não é limitado. Que maravilhoso é poder perceber isso e acolher essa verdade no nosso coração. Ela nos liberta dos nossos temores e abre espaço para uma vida menos centralizadora e unitária e mais plural.

Quando peguei seu irmão no colo, eu não senti que tinha de dividir meu amor entre vocês, mas que meu coração se expandia, de tal forma que o amor estava sendo multiplicado.

Ele não me roubou de você. Da mesma forma que nenhum filho rouba do outro o amor de Deus. Você não me perdeu, você ganhou um irmão. Você não tem que dividir um amor, você ganhou mais alguém para te amar.

Eis a lição preciosa do dia, minha menina: você amará todos os filhos que tiver e também o seu cônjuge, pais, irmão, amigos. A inclusão de mais alguém na sua vida não precederá a exclusão ou abandono de outras pessoas. É claro que, em cada momento, as necessidades de cada um determinarão algumas prioridades, mas não a grandeza do amor. Ter de ficar um pouquinho, em vários momentos do dia, com seu irmão para amamentá-lo não significa que eu o ame mais ou menos que a você, mas que uma necessidade dele depende de mim para ser atendida naquele momento. Da mesma forma, quando o deixo no berço para uma soneca, ou na cadeirinha para observar o ambiente, enquanto leio uma história para você, não o estou abandonando, mas dando a você, também, a atenção e o carinho de que precisa, enquanto ele desfruta desses momentos sem meu olhar exclusivo.

Sim, eu reconheço que, muitas vezes, será preciso rebolar para atender todos. Mas, meu amor, você dará conta; a gente sempre dá, tanto em relação ao nosso coração quanto às nossas atitudes.

Pode ser que, em algum momento, você também se sinta culpada por, nessa tentativa de estar com todos que ama, não conseguir dividir seu tempo igualmente entre eles. Mas, minha Linda, não se cobre em relação a isso. Não é sobre quanto tempo passa com cada um, é sobre o que faz no tempo que passa. É sobre estar verdadeiramente presente quando isso acontece. Se eu pudesse te dar uma dica, diria para deixar o celular de lado e não tentar fazer muitas coisas ao mesmo tempo. Naquilo que se propuser a fazer e com quem decidir estar naquele momento, realmente esteja, por completo, sem distrações.

Minha princesa, o que Deus tratou em mim nesse dia e em tantos outros, e que espero de alguma forma ter deixado claro para você: a grandeza desse amor não conhece limites. O amor não se mede apenas pelo tempo que passamos uns com os outros, mas, principalmente, se demonstra pela qualidade do tempo que desfrutamos juntos.

AMARmentar

Minha menina, uma das primeiras frustrações com que tive de aprender a lidar foi a de não ter leite suficiente para amamentar vocês exclusivamente. Lembro-me, ainda hoje, de como foi receber a notícia, no hospital, de que você estava perdendo mais peso que o aceitável naquela fase, e de que investigariam melhor a minha amamentação para ver como poderiam me ajudar a contornar isso. Durante um dia inteiro, uma consultora de amamentação me acompanhou todas as vezes em que eu te alimentava, me guiou de todas as formas, esteve comigo, orientou até mesmo seu pai em como me ajudar. E, mesmo depois de todo esse dia e de muitos ajustes, você ainda manteve um quadro hiperglicêmico e precisamos complementar sua amamentação com fórmula.

A sua primeira mamadeira não fui eu quem dei, foi uma enfermeira. Isso porque eu simplesmente não conseguia. Estava tomada pelo sentimento de insuficiência, incapacidade, sentia que tinha fracassado na missão de te nutrir. Questionava onde poderia ter errado, mesmo que todos no hospital falassem que não tinha a ver comigo, com o que eu tinha feito ou deixado de fazer.

Eu me lembro de que, após receber alta, nas primeiras semanas, usei todo tempo livre para assistir a vídeos, ler livros, fazer cursos, ter todo o suporte que pudesse para aumentar a produção do meu leite. Eu tentei de tudo, meu amor, tudo mesmo, e nada foi suficiente. Cheguei ao meu limite nessa busca, até que, pelo bem da minha saúde mental, decidi parar de procurar por mais opções. Até porque tudo que eu encontrava era só o que já tinha visto e tentado.

Foi no auge da minha frustração que, um dia, sua avó me lembrou de que ela também não teve leite suficiente para me amamentar. E eu inclusive tive uma mãe de leite, minha tia, que teve minha prima cinco dias antes de eu nascer. Ela me lembrou de que minha irmã também precisou complementar com fórmula a amamentação do meu sobrinho. Com esses lembretes, eu saí do lugar em que eu havia me colocado, de que "aquilo só tinha acontecido comigo", para um lugar mais comum, com outras histórias semelhantes à minha. Lembro-me, com carinho, de amigas que tiveram filhos na mesma época que eu, e compartilharam gentilmente suas experiências em relação a isso, quando eu também resolvi me abrir com elas. Louvo a Deus pela vida de cada uma delas, que me "abraçaram" com suas palavras, depoimentos, mesmo por telefone e mensagens.

Por mais, meu amor, que minhas buscas não tenham mudado em nada a quantidade do meu leite, elas me deram a certeza de que eu havia tentado tudo e me conduziram à aceitação de uma amamentação diferente da que eu tinha planejado, mas nem por isso menos eficiente, respeitosa e afetuosa.

Sabe, minha Linda, foi um processo aceitar isso. Eu tive, por um tempo, até vergonha de que me vissem amamentando você com uma mamadeira. Era como se amamentar dessa forma fizesse de mim uma mãe ruim e te colocasse em uma posição inferior a outros bebês amamentados apenas pelo seio de suas mães. Eu cheguei a "esconder" isso das pessoas, das redes sociais, com medo dos julgamentos que eu mesma estava me fazendo.

Até que, depois de perceber como eu tinha sido ajudada e acolhida por algumas pessoas, decidi me abrir nas redes sociais e compartilhar meu relato de amamentação, como forma de abraçar outras mulheres que pudessem estar passando pela mesma situação.

Se passar por isso, saiba que não amamentar exclusivamente com seu leite não fará seu bebê alguém menos feliz, amado ou conectado a você. E que, independentemente da via de amamentação que puder oferecer, você é exatamente a mãe que seu filho precisa ter.

Se eu pudesse te dizer apenas uma coisa, entre tantas, que Deus tratou em mim nessa situação foi: aprender a compartilhar minhas dores com as pessoas certas, que me amam, para poder ser consolada e orientada. O bem que elas me fizeram foi tão grande que resolvi, em meu coração, compartilhar minha experiência para poder fazer o mesmo por outras mulheres que não tiverem esse "colo" e esse acolhimento que tive. Se necessário for, meu amor, não deixe de fazer o mesmo.

Crescer dói

Meu amor, se não me engano, na sua terceira semana de vida, começaram as crises de cólica. Por mais que eu tivesse lido e ouvido falar sobre, nada se compara ao que foi a experiência de te ver sofrendo com isso.

Posso dizer que nenhuma noite sem dormir direito foi tão desesperadora quanto ver suas crises de cólica. Fiz massagem, compressa com pano quente, bolsinha quente com ervas, dei remédios, dei colo, peito, abraço, banho, TUDO que falavam na internet, nos livros e o que as amigas e os médicos orientavam para ajudar a melhorar.

Parei de comer alimentos de uma lista infinita, tanto que voltei ao meu peso de antes da gestação absurdamente rápido, por tudo que cortei e que falavam que poderia dar cólica. Mas, apesar de tudo isso, foi somente a passagem do tempo (os tão demorados primeiros três meses) que resolveu o problema.

Houve dias em que você chorou por horas e eu chorei junto. Lembro-me de deixar você um pouco com sua avó ou com sua tia, e entrar no quarto para orar e pedir a Deus que aquela dor fosse em mim, que poderia ser mais forte em mim, por mais tempo em mim, desde que você parasse de sofrer.

Eu entendi, nesse tempo, o que alguns pais falavam quando viam seus filhos passar por algo complicado: que trocariam facilmente de lugar com eles, se fosse possível. Mas a verdade, meu amor, é que não era, e sei que em muitas outras situações na sua vida e na do seu irmão eu desejarei o mesmo – e também não vai ser.

Seu irmão também teve cólicas, mas não crises como as suas.

O que Deus tratou em mim nesses dias foi: mesmo eu querendo resolver tudo, mesmo eu querendo trocar de lugar com vocês, mesmo eu querendo que nenhuma dor os acometa, não poderei poupá-los de tudo. Crescer dói. E nem sempre vai doer por algo que vocês fizeram ou deixaram de fazer, mas porque a vida é assim. A própria Bíblia, em Mateus 6:4, já diz que "cabe a cada dia o seu próprio mal". Ou seja, quem é vivo está sujeito a dor, o que nos resta é passar por ela da melhor forma possível.

Eu sei que você pode estar se perguntando, como eu me perguntei, algo como: "Se não posso resolver, existe alguma coisa que eu possa fazer?".

Existe! E foi o que ofereci e continuo aqui oferecendo para vocês, espero que por muito tempo: a presença. Eu não posso poupar vocês de tudo, por mais que eu queira, mas posso estar com vocês.

Quando passo por tribulações, da mesma forma, sei que Deus não me deixa só. Eu espero que entenda, meu amor, que te privar da dor não é tudo que posso fazer por você, e você pelos seus. Às vezes, a presença é o maior presente.

E que não nos esqueçamos, é claro, de que a dor gera crescimento, desenvolvimento, amadurecimento, e passar por ela é um processo para nos fazer melhores e maiores.

Não se culpe por se sentir cansada

Minha princesa, depois de uma ou algumas noites dormindo muito pouco, você pode acreditar, mesmo que não tenha coragem de falar, que a maternidade acabou com sua vida e que é algo ruim.

Mas não se engane, meu amor, você ainda quer e ama esse filho, você ama a sua família, você está onde deveria estar, e o que algumas vezes dificulta essa percepção é só o fato de estar cansada. E quando estamos assim, fica no mínimo desafiador avaliar com bons olhos qualquer coisa que se passe nessas condições, mesmo que estejamos falando de algo grandioso e precioso.

Algo que me ocorreu, principalmente no meu primeiro puerpério, foi a culpa por estar cansada. Eu não sei de onde veio a ideia de que não poderia estar. Mas, por um tempo, eu me julguei por estar cansada da noite mal dormida, das trocas de fralda, do mamar, do banho, das cólicas, do entreter quando o bebê estava acordado, do fazer dormir e de, quando isso tudo acabava, começar de novo.

O cansaço trouxe dúvida sobre se era isso que eu realmente tinha desejado tanto e amargura para o meu coração, durante um tempo.

O que Deus tratou em mim nesse período foi que Ele, tendo me criado, sabia que esse meu corpo físico era limitado e precisava, realmente, de descanso. Que Ele entendia meu desejo por algumas horas a mais de sono ou um tempo para fazer algo que eu quisesse, que poderia, inclusive, ser não fazer absolutamente nada, ou só ir ao banheiro sem pressa. Que isso tudo era NORMAL e não errado. Ter encontrado essa paz no Senhor foi um alívio para a culpa pela forma como eu me sentia, que estava me abalando mais que o próprio cansaço.

O que espero que você entenda, meu amor, é que seu cansaço é valido, que não há por que se culpar por se sentir assim. Além disso, meu desejo é que você perceba que reconhecer como se sente não justifica usar isso para descontar qualquer frustração nos seus. Não se engane, não se pode resolver essa questão com murmuração, cara fechada, falas ácidas ou um silêncio torturante dirigido a quem convive com você – agir assim só piora tudo e te fará se sentir pior do que já está. Pode até parecer óbvio, mas vou falar: esse cansaço se resolve com descanso.

Talvez você esteja cansada demais até para pensar em uma solução, por isso, eis que te apresento um possível caminho: defina o que tem de ser feito e terceirize o que for possível, o que você se sente tranquila em delegar – peça ajuda, seja ela paga ou de alguém que possa estar com você por algumas horas ou dias, à medida que for necessário, para que consiga descansar e não esteja, frequentemente, tão esgotada a ponto de duvidar das suas próprias convicções sobre a maternidade e a família.

Cuidar bem de você, para cuidar bem de quem você ama

Quando eu ganhei você e as noites passaram a ser um tanto quanto desafiadoras, estar disposta no dia seguinte não era uma tarefa fácil. Confesso que a minha vontade, na maioria dos dias, era de nem tirar o pijama, aproveitar qualquer minuto para o descanso e ignorar o espelho. Eu até cheguei a fazer isso alguns dias, mas percebi que, além de não me sentir bem, também não estava contribuindo em nada para o clima do nosso lar. Se a mulher não vai bem, a casa não vai bem, por isso, eu sabia que precisava reagir.

Passei, então, a todos os dias, antes de você acordar ou quando estava na sua primeira soneca da manhã, aproveitar para tomar um banho, arrumar o cabelo, mesmo que fosse apenas em um rabo de cavalo bem-feito, e passar alguma coisa no rosto, que fosse um protetor solar com cor, um corretivo nas olheiras, um blush e uma máscara de cílios. Também trocava o pijama por uma roupa confortável, mas arrumada. Minha preferência sempre foi por conjuntos, para que eu não precisasse ficar pensando muito que roupa vestir ou como combiná-la, o que otimizava meu tempo. Vale ressaltar que aquelas roupas largadas, rasgadas, desgastadas demais nem devem estar à disposição no guarda-roupa, para que você não corra o risco de usá-las e se apresentar exatamente como elas.

Você pode achar que não terá tempo para isso, mas não se engane, nem se boicote: tudo isso pode ser feito muito rápido, principalmente se fizer disso um hábito que pode ser aprimorado dia após dia.

Lembro-me de usar as redes sociais para postar minha foto já pronta para dar início ao meu dia, com a legenda "cuidando bem de mim, para cuidar bem de quem amo", e isso acabar fazendo com que outras pessoas assumissem o mesmo hábito, mesmo aquelas que não tinham filhos pequenos, ou até mesmo que não tinham filhos.

Sabe do que Deus me lembrou no processo dessa mudança de comportamento? Do mandamento Dele de "amar ao próximo como a nós mesmos". O amor que eu me dou, a forma como eu me cuido, estar bem comigo mesma me ajudam a oferecer o melhor de mim para quem amo.

Sigo com esse mesmo hábito agora que também tenho seu irmão. E espero, de coração, que essa pequena dica, se colocada em prática, possa fazer a diferença na sua rotina como fez na minha.

Não é sobre dar conta de tudo, mas sobre escolher o que mais importa agora

No seu puerpério, eu não tive tempo nem cabeça para me cobrar sobre qualquer outra coisa que não fosse cuidar de você, e ainda conseguir cuidar de mim, e dar atenção ao seu pai. Pensar em trabalho, naquele momento, não era nem de longe uma prioridade.

Mas, por incrível que pareça, quando ganhei seu irmão, mesmo precisando ter os cuidados com ele e com você, que, com seu 1 ano e 8 meses, ainda era praticamente uma bebê, e tendo que cuidar de mim e ser esposa, eu me vi fazendo cobranças a mim mesma sobre produzir mais, sobre gerar conteúdo, material, para o trabalho.

Por dias, eu perdi o sono nessa cobrança, me culpando por naquele dia não ter dado conta de ter escrito alguma coisa, gravado um vídeo, dado início à criação de um novo infoproduto, alimentado as redes sociais com conteúdo de valor. A cobrança era tamanha que eu colocava o foco no que não tinha conseguido fazer, o que me roubava a compreensão de tudo que eu tinha feito naquele dia, que não era pouca coisa, viu?!

Levou um tempo para que eu entendesse que essa era uma cobrança tola. Eu não tenho chefe, então não tinha ninguém me cobrando resultados, trabalho, colocando prazos ou metas, a não ser eu mesma. Também não tinha necessidade de nenhum faturamento vindo disso. Graças a Deus e a muito trabalho, nos organizamos para que essa não fosse uma preocupação. E mesmo se fosse, ainda assim, eu sei que seu pai, como excelente provedor que sempre foi, não permitiria que nos faltasse nada e não cobraria de mim nenhum esforço nesse sentido. Ele se sacrificaria mais, se fosse preciso.

A questão, meu amor, é que por mais que nos últimos anos eu tenha voltado meu coração para o lar, meus olhos, muitas vezes, ainda estão lá fora, no que eu ainda posso conquistar, no que ainda podemos ter, no que eu preciso fazer para isso. Sabe, não é fácil para mim reconhecer isso, mas é uma verdade e eu me comprometi a te contar não só as coisas das quais me orgulho, mas também os meus desafios, inclusive com meu ego e minha vaidade.

Eu, tão acostumada a voar no trabalho, tive de aprender a desacelerar. Tão acostumada a ganhar, conquistar, desbravar, tive de me acostumar a abdicar, doar, me entregar por completo, sem esperar por pagamentos, aplausos ou qualquer reconhecimento.

O que Deus tratou em mim nesse tempo foi que um trabalho não precisa ser pago para ser importante. O que eu estava fazendo não dava para ser medido, nem remunerado, mas era de valor incalculável. O que os outros não veriam Deus veria. E aquilo que não tem glória nesse mundo alcança glória no céu.

E, se não fosse o bastante, Deus ainda trabalhou em mim o entendimento de que eu não precisava fazer tudo e algumas coisas, realmente, não cabiam no agora. Focou minha visão no que era mais importante naquele momento, naquilo que eu não poderia fazer depois, na oportunidade de desfrutar do tempo em casa e com vocês, o que nem toda mãe pode ter, mas que foi me dada a grata possibilidade de aproveitar.

Espero de todo o coração que, quando chegar a sua hora de viver isso, você tenha a chance de escolher o que mais importa no momento e encontre paz ao fazer isso.

É uma escolha amar ou odiar o sacrifício

Lembro-me de um dia, no final de um dos períodos da faculdade de Medicina, depois de uma semana cheia de muitas provas, ter saído de uma delas e ido escolher o vestido que usaria na formatura do seu pai. Eu estava muito cansada, fazia dias que não conseguia nem lavar o cabelo, porque aquilo tomaria um tempo que eu não tinha, já que qualquer minuto naquela semana faria muita diferença nos estudos. A privação do sono era tanta que eu mal me lembrava de quando havia dormido algumas horas seguidas, e comer não havia sido uma prioridade naqueles dias. O resultado de tudo isso foi eu ter desmaiado enquanto provava o vestido. Apesar do susto que foi, eu sabia que, se fosse necessário, repetiria tudo novamente. Isso porque eu tinha o foco na recompensa, não no sacrifício. E, por isso, eu havia aprendido a amar o sacrifício, por mais que tivesse, também, motivos para odiá-lo.

Tudo que decidimos fazer na nossa vida envolve sacrifícios e renúncias. Quanto maior for aquilo que nos propusermos a fazer, maior será, também, o tamanho daquilo de que deveremos abdicar, ou do esforço para alcançá-lo.

Com a maternidade não é diferente. Acredito que uma das nossas maiores missões nesse mundo envolve o *maternar*. Criar filhos para a glória de Deus é uma tarefa de suma responsabilidade, que envolve amor, dedicação, entrega, abnegação, compromisso diário.

Podemos, ao longo do dia, nos pegar reclamando de tudo, de cada sacrifício, renúncia, entrega, doação, abnegação. Por tudo que temos de fazer e tudo que não pode mais ser feito agora. Esse comportamento não melhora nada, na verdade, acredito que ele piora e muito o nosso dia.

Mas podemos olhar tudo com bons olhos, entendendo que "TODAS as coisas cooperam para o bem daqueles que amam a Deus", como diz a Bíblia. Se treinarmos essa forma de encarar as coisas, perceberemos como cada sacrifício pode trabalhar nossas misérias, moldar nossas virtudes, nos fazer superar muitas coisas, aprender e crescer com isso.

Lembra que falei que o que me fazia ter coragem de passar novamente por todas as privações, durante a faculdade de Medicina, era o foco na recompensa?

Na maternidade, o que não podemos fazer é perder o foco nelas. Sim, são várias. Ter filhos tem seus desafios e sacrifícios, claro, mas tem infinitamente mais recompensas. Não permita que seu olhar frustrado, cansado, amargurado, te roube essa percepção.

Se eu pudesse te fazer um convite, diria para que, em vez de listar seus sacrifícios diários, você faça uma lista de motivos em agradecimento aos seus filhos: o que melhorou em sua vida, o que melhorou em você, o que tem a agradecer por cada um deles. Você verá como esse simples exercício mudará seu olhar e aquecerá seu coração, de maneira que, mesmo não gostando de algumas coisas, você ainda assim passe a amar o sacrifício porque tem clareza de suas recompensas.

O choro no meio da noite é um chamado maior

Já ouvi algumas poucas mães relatarem que seus bebês dormiram a noite toda desde que nasceram. Isso não foi uma realidade que vivi com vocês.

Com você, tive noites muito desafiadoras, de acordar de hora em hora, de me fazer temer esse horário no dia seguinte. Cheguei a pensar que nunca mais dormiria bem.

Fiz cursos e mais cursos sobre sono, segui rotina, usei ruído branco, troquei a cama, fiz tudo que me diziam que poderia ajudar. Esperei, pacientemente, para que o fator tempo também contribuísse.

Confesso que reclamei, murmurei muito sobre isso. O cansaço e o desespero de não saber o que mais poderia ser feito, muitas vezes me fizeram ficar também irritada, sem paciência. O que depois me gerava uma culpa e uma frustração imensas.

Por um tempo, eu cheguei a cogitar não ter outro filho por medo das noites, de não dar conta. Pode parecer uma desculpa esfarrapada agora, mas, enquanto se está vivendo o "problema", ele pode parecer muito maior do que de fato se apresenta depois que já passou, ou pelo menos melhorou.

Escrevo este texto enquanto vocês estão dormindo. As últimas noites foram um tanto quanto desafiadoras. Noah está num salto de desenvolvimento, o que faz com que ele lute bravamente contra o sono e me garanta um certo cansaço extra ao final do dia. Contudo, entre uma tentativa e outra de dormir, entre uma piscada mais demorada e um olhar arregalado logo em seguida, ele me dá um bom sorriso que diminui, consideravelmente, minha vontade de fazê-lo dormir logo.

Já você, na última noite, acordou às 2h44, pediu mamadeira, depois me disse que a barriga estava doendo e logo vomitou em mim e em si mesma. É sempre um exercício de calma quando isso acontece, falo carinhosamente com você enquanto te acalmo e troco as nossas roupas. O mal-estar se vai com o vômito, é o que parece, e logo você fica como se nada tivesse acontecido. A casa estava silenciosa quando nos trocamos, e você saiu do choro para cantar um "parabéns pra você" e gritar, bem alto, "viva! viva! Linda! Linda!". Eu fiquei entre tentar conter o volume em que você fazia isso, para não acordar Noah, e controlar a vontade de rir do momento. Deitei com você, rimos juntas, apaguei as luzes e você voltou a dormir muito rápido. Eu perdi o sono. Antigamente, quando isso acontecia, eu poderia até pegar o celular para fazer qualquer coisa. Mas, um dia, li uma frase da Gloria Furman que dizia que "um choro no meio da noite é também um chamado à adoração". As minhas noites insones têm me rendido bons momentos com Deus.

Sabe aquele momento silencioso durante o dia que, às vezes, a gente procura para orar, mas não encontra? Eu tenho recebido essa oportunidade nas madrugadas.

O choro da noite se tornou um chamado para meu encontro com Deus. E eu, que já tive um certo terror das noites insones, tenho acordado com outra perspectiva, porque hoje entendo que as noites me rendem bons encontros com Ele.

Se você for, minha menina, presenteada com esses chamados, aproveite-os. Sempre que DEUS nos convida a falar com Ele é uma boa hora.

O pai de que você pode não se lembrar e o marido que ele nunca deixou de ser

Minha menina, talvez você, já adulta, se pergunte como era o seu pai quando você nasceu, ou mesmo antes de termos você, e eu não poderia deixar de te contar sobre isso, até porque eu mesma não quero esquecer.

As lágrimas alcançam meus olhos mais rápido do que consigo escrever e sei, desde já, que esta será uma carta emocionante.

A preparação para ser pai veio muito antes desse momento acontecer. Ele se esforçou para ser um bom homem, um bom marido, para só então se sentir digno de ser pai. Ele sempre quis que você o percebesse como um modelo de com quem deveria se relacionar um dia. E eu torço para que você tenha encontrado alguém pelo menos minimamente parecido com seu pai.

Quando eu engravidei, ele chorou de alegria ao receber a notícia. Tenho gravado esse momento para que você nunca duvide da felicidade que sentimos com a notícia de que você tinha sido gerada.

Ele literalmente sonhou com você e me acordou, na madrugada, dizendo: "Teremos uma menina. Eu a vi, ela me abraçou no sonho e me disse: 'Sou sua filha'".

Seu pai participou de cada momento da gestação e do seu nascimento, enfrentou todo o medo que tinha de sangue, porque se recusava a não estar presente no momento que você chegaria a este mundo. Chorou ao te ver nascer, um choro de emoção, misturado com o sorriso mais largo que já vi nele. Eu vi você pela primeira vez nos olhos dele, e essa é uma das lembranças mais lindas que guardo em meu coração.

Quando pegou você nos braços pela primeira vez, seu pai sabia que nada que já tivesse feito neste mundo era mais importante do que aquele "pacotinho de amor" que carregaria nos braços a partir de então.

Ele dormiu no hospital comigo, te deu mamadeira antes de mim, te colocou para arrotar, te ninou, filmou seu primeiro banho para não errar quando fosse a vez dele de fazer isso, trocou sua fralda. E seu pai te disse desde o seu primeiro dia de vida, repetidas vezes, que você era muito amada, preciosa, desejada, Linda, abençoada. Ele não só recebeu o "título" de pai desde que você nasceu, mas foi pai em todos os sentidos que um homem pode ser.

Mas, além de tudo isso, meu amor, mesmo que você sempre tenha sido alguém de quem é difícil tirar os olhos, seu pai ainda assim nunca se esqueceu de me olhar. E eu espero que seu esposo faça o mesmo por você quando seus filhos chegarem.

Algumas coisas que te contarei aqui podem parecer pequenas, mas, quando falamos de relacionamento, as pequenas coisas são grandes, são elas que regam o amor. Desde o hospital, ele teve o cuidado de me perguntar o que eu queria comer e era incansável na missão de conseguir isso. Seu pai me ajudava a levantar todas as vezes que eu precisava, mesmo na madrugada, para que não doesse o corte da cesárea, ou simplesmente para que eu soubesse que ele estava ali, que eu podia contar com ele. Quando o "baby blues" chegou, sem aviso e com intensidade, ele me abraçou e me permitiu chorar nos seus braços, sem julgamentos, com todo o acolhimento que poderia existir nesse mundo. Seu pai não deixou que eu me preocupasse com nada que não fosse ser mãe, em nenhum momento falhou como provedor do nosso lar, me deu liberdade e incentivo para ter um tempinho para me cuidar. E me convenceu a sair pra comprar um lanche ou ir ao supermercado só para colocar minha cabeça em outros lugares, quando as emoções do pós-parto pareciam que iam me devorar. Parava tudo para assistir a uma série comigo quando estava nos intervalos dos cuidados com você. Mesmo nos dias em que eu não estava na minha melhor versão, ele soube me amar como se eu estivesse na minha melhor fase. E posso dizer, com toda a certeza desse mundo, que se eu já não o amasse com todo o meu ser, eu teria me apaixonado ainda mais por ele quando você nasceu.

Um bom pai não substitui um bom marido, e ser um bom marido não o qualifica, imediatamente, como bom pai. Seu pai soube ser os dois. E a minha oração, desde sempre, é para que você encontre alguém que esteja ao seu lado para ser e fazer o mesmo.

Unidade

Meu amor, li certa vez uma frase que gostaria de compartilhar com você. Ela dizia que "o diabo pode dominar tudo aquilo que ele é capaz de dividir". Eu acredito, verdadeiramente, que um casamento que funciona segue o princípio da unidade em todas as áreas, inclusive no que diz respeito à criação dos filhos.

Eu e seu pai tivemos criações muito diferentes. Então, desde o nosso namoro, tivemos muitas conversas sobre os tipos de heranças que gostaríamos de carregar e quais gostaríamos de abandonar, que não faziam sentido pra gente e para a família que queríamos formar.

Nem sempre concordamos imediatamente com tudo que o outro pensa. Quando isso acontece, temos a paciência de explicar nosso ponto de vista de formas diferentes, até nos fazermos compreendidos. É preciso lembrar que compreender também não significa concordar, mas que você entende por que a outra pessoa pensa daquela forma. Nessas conversas, partimos do princípio de que as coisas não devem ser feitas do meu jeito ou do jeito do seu pai, mas do nosso jeito, da forma que, juntos, encontramos para fazer dar certo. Isso exige de nós maturidade, vontade de entender o outro, paciência, bom senso, comunicação e bons acordos.

Acordo é um combinado que funciona para os dois. É o que decidimos fazer em relação a alguma coisa. Temos como regra que, se acordamos e não funcionou como imaginávamos, não precisamos manter esse acordo, já que não está dando certo. Mas devemos conversar novamente e fazer um acordo melhor que o anterior. Não temos que acertar de primeira, mas precisamos não desistir de encontrar o que funciona pra gente.

É preciso, também, o entendimento de que nem sempre teremos a chance de conversar sobre tudo antes que as coisas aconteçam, e às vezes vamos nos deparar com situações em que precisaremos agir imediatamente. Quando isso acontecer, nem sempre faremos o que o outro acredita que deveria ser feito, mas vamos sempre nos comportar com base na crença de que o outro fez o melhor que podia nas condições que tinha naquele instante. Se não concordarmos com o quê ou como foi feito, vamos conversar sobre o acontecido na primeira oportunidade, em particular. Essa conversa não é para julgar, condenar, apontar falhas, mas para conduzir o outro a olhar para aquele acontecimento por outra perspectiva, com outros olhos e mais alternativas, e, a partir disso, conversar sobre o que pode ser feito se aquilo se repetir.

Tem mais uma coisa que fazemos e que eu gostaria de te convidar a pensar a respeito: eu e seu pai nunca desautorizamos um ao outro na frente de vocês. Qualquer discordância é tratada no privado. Um casal dividido não consegue fazer uma família prosperar, não transmite segurança para seus filhos e gera confusão na criação e no entendimento que eles têm sobre o que estão aprendendo com os pais.

Quando não conseguirem, sozinhos, com aquilo que já sabem, chegar a um acordo, lembre-se de que vocês podem buscar recursos, sobre aquilo que ainda não sabem, com outras pessoas, livros, cursos ou com seus pais. Mas vocês devem sempre voltar a conversar um com o outro, munidos daquilo que aprenderam, para chegar juntos a uma decisão final que faça sentido para o casal.

Eu espero, meu amor, que você tenha boas lembranças e exemplos do que hoje te escrevo e do que você presenciou enquanto crescia e convivia conosco. E que você encontre, muito cedo, a unidade para fazer o mesmo em seu lar.

Você tem o direito de escolher

Minha menina, existem algumas conversas importantes e acordos que você precisará fazer com seu esposo em cada fase. Com a chegada dos filhos, pode ser que aumente, também, o número de opiniões que receberão, seja de parentes, amigos, pessoas desconhecidas da internet. É preciso saber que peso darão a tudo isso. Quanto mais vocês conversarem, mais clareza terão do que querem e do que aceitam e menos influenciados ou abalados serão pelo que ouvirem.

Lembro-me de que nenhuma das decisões que eu e seu pai tomamos agradou a todos que eram próximos. Desde coisas simples, como o nome que escolhemos para vocês – que achávamos ser uma escolha só nossa, mas sobre a qual recebemos tantos "poréns", mesmo que não estivéssemos pedindo opinião, apenas informando –, até decisões sobre visitas, troca de fraldas, intervalo entre filhos, quantidade de filhos que teríamos, entre muitas outras coisas.

Aquela tal "unidade" sobre a qual já te falei será muito útil nesses momentos. Preste atenção no que vou te dizer: vocês não precisam comunicar tudo a todo mundo, algumas decisões são só de vocês e não dizem respeito a mais ninguém. Agora, quanto àquelas que decidirem compartilhar, quero deixar uma sugestão para você: evitem dizer "isso é o que meu esposo quer" ou "é o que eu quero", e prefiram usar frases como "isso é o que escolhemos/decidimos/concordamos que será melhor nesse momento".

É comum que alguns casais, com o intuito de ficar bem com um amigo, pais, irmãos, na hora de comunicar uma decisão, tentem transferir a culpa, a responsabilidade, a escolha daquilo que estão informando para apenas uma pessoa do casal. Por exemplo, vocês decidiram que não receberão visitas assim que saírem da maternidade e voltarem para casa, mas, na hora de comunicar, dizem algo como: "Mãe, minha esposa não quer receber visita essa semana...". Pode ser que seja apenas sua esposa que não queira? Pode! Mas vocês concordaram com essa decisão. Então, ela não deveria ser comunicada dessa forma, já que não traz nenhum benefício falar assim. Pelo contrário, além de gerar uma possível desavença, um atrito com uma das partes, ainda expõe seu cônjuge a uma situação desagradável. Seja qual for a decisão que tomarem, ela é do casal e vocês devem proteger um ao outro sempre. Ou seja, podem comunicar da seguinte forma: "Mãe, entendemos que precisamos de um tempinho para nos adaptar à nossa nova realidade. Assim que nos organizarmos melhor, avisaremos para que vocês possam vir. Dessa forma, temos certeza de que todos nós aproveitaremos melhor a visita".

Você pode, meu amor, estar querendo perguntar: "Mas, mãe, e se mesmo falando assim a pessoa com quem falarmos não entender nossa escolha?". Então, paciência, minha Linda. Crescer e ter de tomar suas próprias decisões é entender que elas não vão agradar a todos, e está tudo bem. É entender que suas vontades nem sempre vão coincidir com as das outras pessoas e que precisará fazer escolhas, nem sempre fáceis, e assumir as consequências delas.

Agora, apesar de vocês terem de fazer suas próprias escolhas, também existe sabedoria em ouvir os mais velhos, aqueles que já passaram pelo que vocês estão passando, aqueles que os amam e que vocês sabem que desejam o bem de vocês. Ouvir não significa que farão o que eles dizem, mas que se munirão de mais informações e sabedoria para tomar a decisão que for melhor para vocês.

Cada um de nós pode escolher o que fará da própria vida, não podemos ditar o que e como pessoas adultas, que moram em suas próprias casas e pagam suas próprias contas, devem fazer com a vida delas e de seus filhos. Uma coisa é oferecer conselho, outra é exigir que ele seja seguido.

Eu espero que você precise enfrentar o mínimo de situações desagradáveis em relação a isso, mas, quando não houver como evitar, que você consiga encontrar sabedoria para lidar com elas, e paz para decidir o que precisa ser feito e dito.

Não se compare

Minha menina, eu poderia te falar que, como alguém que já fez muitos cursos e se considera até bem-resolvida em muitas questões, eu nunca caí na cilada da comparação. Mas a verdade é que já me sabotei muitas vezes em relação a isso.

Mesmo tendo claro o que eu queria, o que eu poderia fazer, e tendo me entregado e feito o melhor que eu podia, ao final de alguns dias, eu me sentia um fracasso simplesmente por ter olhado para o lado e me comparado com alguma mãe que havia realizado mais, ou algo melhor, do que eu havia feito.

Em certos dias, eram tantos os julgamentos e as cobranças que eu mesma impunha a mim, que chegavam a ser uma covardia. Foram inúmeras as vezes em que eu pensei: "Fulana é uma mãe melhor porque ela faz tudo sem ajuda, porque sabe fazer refeições com cara de bichinhos, porque sabe cozinhar comidas sem glúten, sem açúcar, sem isso e sem aquilo e ainda ficam ótimas a ponto de os filhos comerem bem. Fulana consegue fazer os filhos comerem [o que para mim foi um desafio com você]. Fulana está sempre impecável, mesmo cuidando da casa, dos filhos, do trabalho, do marido e ainda postando para que eu consiga ver isso. Fulana sabe fazer brincadeiras novas, todos os dias, que estimulam as habilidades dos filhos em cada fase. Fulana tem cinco filhos e ainda consegue fazer homeschooling"... As comparações são infinitas, e já não bastassem aquelas feitas em relação a mim, ainda existem milhares de outras que preciso enfrentar em relação aos filhos: "Ela ainda não está dormindo sozinha, mas as filhas das minhas amigas já fazem isso desde os três meses. Ela continua acordando à noite, mas o filho da minha vizinha já não acorda na madrugada desde os quatro meses. Ela já fala algumas palavras, mas a moça que viu um vídeo que postei na internet disse que ela deveria estar falando mais nessa idade, e que ela deve ter algum problema. Ela usa fralda, e a pediatra disse que nessa idade é plenamente normal. Mas uma mãe me disse que, nessa idade, os filhos dela já não usavam fralda fazia tempo"...

Esse tipo de comparação, vindo de mim mesma e outras vezes de terceiros, não tinha ponto positivo. Vinha como forma de me diminuir, me condenar, frustrar, enlouquecer, colocar em xeque tudo que eu estava fazendo e me fazer duvidar de que eu era capaz.

Eu acredito, minha menina, que devemos, sim, ter modelos, referências, para que possamos nos espelhar e aprender, mas não para copiar a ponto de ignorar nossa própria realidade e a individualidade de cada um. É preciso uma boa dose de bom senso para ajustar aquilo que vemos, ouvimos, gostamos e aprendemos à nossa vida.

Portanto, meu amor, aprenda com outras pessoas, mas mantenha o foco na sua casa, na sua família, na sua realidade, nas suas circunstâncias. Eu me lembro que minha mãe dizia "você não é todo mundo", e eu te digo isso também e complemento: você não é fulana, cicrana, beltrana, nem precisa ser. Ao final do dia, não é uma competição com nenhuma delas que você deve vencer. Já são tantas as batalhas que você tem de enfrentar, não crie mais uma.

Quando for dormir, depois de um longo dia, você não precisa ter feito o que elas fizeram. Precisa ter a paz de saber que fez o melhor que podia, nas condições que você tinha, e isso há de bastar. Para tudo que é possível, existem as mães, para o que é impossível (e existem definições diferentes para cada pessoa do que seria isso) sempre existe Deus. Confie e descanse Nele.

Uma boa mãe não é uma mãe perfeita

Minha menina, caso você esteja se questionando se é uma boa mãe, é porque está no caminho certo. Somente aquele que quer oferecer o melhor se preocupa com isso. Não é porque devemos evitar nos comparar que não precisamos estar sempre em busca de oferecer o melhor para aqueles que amamos. Esta carta não é um convite a uma busca pela perfeição. Afinal, não temos como ser mães perfeitas, mas há como, todos os dias, buscarmos oportunidades de sermos mães melhores.

Quando trabalhamos fora de casa, geralmente buscamos fazer cursos, aperfeiçoamentos, aprender mais para servir cada vez melhor no cargo que ocupamos. Precisamos ter esse mesmo compromisso, ou ainda maior, em casa.

Nossa família não é o que temos de mais precioso? Então, não devemos oferecer a eles apenas nosso cansaço e o que sobra de nós ao final de um dia. Precisamos cuidar deles com afinco, compromisso e intencionalidade.

Esta carta é um convite a não aceitação do mínimo esforço, das desculpas, da mediocridade. É um convite para que você ofereça o seu melhor; um convite a não se economizar, todos os dias, enquanto pode plantar boas sementes na vida dos seus filhos.

Na busca por fazer isso, você nem sempre vai acertar. É preciso reconhecer que procurar acertar não significa estar sempre certa. Quando perceber que falhou, não mantenha compromisso com o erro. Corrija. Reconheça sua falha. Se errou com seus filhos, cônjuge, peça perdão a eles. A admissão do erro não te desqualifica nem diminui. Seus filhos podem aprender com você sobre isso também. A nossa vida é uma escola viva, nossos filhos são testemunhas das nossas virtudes e dos nossos fracassos e podem aprender com cada um deles.

Uma boa mãe não é aquela que aponta para si mesma, meu amor, porque todas nós somos falhas demais. Uma boa mãe é a que aponta para Cristo.

Novos ciclos e novas amizades

Minha menina, pode ser que você, em determinada fase da vida, se encontre perdida em relação às suas amizades. Talvez você e seus amigos da adolescência e juventude se desencontrem, já que não há como marcar um ano determinado para todos se casarem, terem filhos, nem mesmo uma cidade específica para morarem. Existem muitas variáveis que podem fazer com que, ao longo dos anos, por conta do momento de vida em que estão, vocês acabem escolhendo programações diferentes, frequentando ambientes em que não se encontrem e tendo percepções de vida que nem sempre coincidem.

Não se culpe se, em algum momento, acabar percebendo que se afastou demais de alguns ou de todos eles, nem tente encaixar uma amizade antiga em seu novo momento de vida só por uma questão de obrigação em manter aquela pessoa por perto.

É preciso o entendimento de que existem amizades que fizeram sentido apenas em determinadas épocas, e só porque não fazem mais parte da nossa vida hoje, não quer dizer que foram menos importantes. Existem, sim, ciclos para amizades também. E quando entendemos isso, levamos mais leveza e menos cobranças para as nossas relações.

Tem uma frase de São Tomás de Aquino que diz: "Ser amigo é amar as mesmas coisas e rejeitar as mesmas coisas. Não seja amigo de quem odeia o que você ama". Confesso que tive certa dificuldade em entender isso. Esperei, muitas vezes, que algumas pessoas se tornassem algo que não eram, mas que eu queria que fossem, para que a amizade de fato fizesse sentido. Mas só com o tempo e algumas boas decepções entendi que nem toda amizade é para se ter ou manter. Entendi também que, ao longo da nossa vida, podemos mudar o que amamos e rejeitamos, ou mesmo nossas prioridades em cada momento e isso, naturalmente, nos afastará ou nos aproximará de algumas pessoas. O problema é quando resistimos a essa verdade e tentamos manter à força uma amizade com quem ama e rejeita coisas completamente diferentes de nós, ou estão em fases de vida muito distintas da nossa.

Suas amizades precisam ser aliadas na edificação da sua família. É preciso ter cuidado com a quem você empresta seus ouvidos, porque aquilo que você ouve tem o poder de fortalecer ou minar a sua fé. Lembre-se de que a escolha das suas amizades também é, por tabela, uma escolha de influência e referência para seus filhos, por isso, faça boas escolhas.

Não se preocupe em ter muitos amigos, mas em ter bons amigos e em ser boa para eles também.

Eu vivi muitas despedidas ao longo dos anos. Mudei de cidade, perdi contato com muitas pessoas, estive presente em certos momentos importantes, como o casamento de alguns conhecidos, mas estive ausente em outros, por conta do trabalho e da vida, que foi tomando outro rumo e exigindo novas prioridades. Mas, sabe, o tempo e a distância que fizeram com que desencontros acontecessem também revelaram amizades que suportaram isso e possibilitaram novas amizades.

Tem uma frase de que gosto muito, de William Shakespeare, que diz: "Verdadeiras amizades continuam a crescer, mesmo a longas distâncias". E eu tive o privilégio de comprovar isso. Ainda hoje, tenho amigas que conheci quando eu tinha dez anos. Não nos falamos todos os dias, às vezes passamos anos sem nos encontrar pessoalmente, mas, ainda assim, sabemos que podemos falar uma com a outra sempre que quisermos, sem reservas. Mesmo que às vezes demoremos alguns dias para responder as mensagens, ainda assim, não haverá cobrança e sobrará entendimento, compreensão e satisfação em podermos continuar mantendo contato, da maneira que for possível. Eu seria injusta em citar nomes e me esquecer de alguma de minhas amigas, mas quero enviar esta carta a elas também para que tenham certeza de que a nossa amizade edificou a minha vida. Algumas vezes, me constrangeu em um bom sentido, me convidou a melhorar, me apresentou uma visão diferente de pensamentos que eu tinha tão fortemente enraizados, mas que não eram certos, me inspirou com seu exemplo de vida, me permitiu ser eu mesma, com todas as minhas fraquezas e falhas, e ainda ser acolhida e amada, comemorou comigo as minhas vitórias e me consolou nas perdas e derrotas. Fizeram isso com palavras, outras vezes com silêncio, algumas vezes com presença e outras me colocando em suas orações. Eu não sei se algum dia vou saber demonstrar a elas o quanto sou grata por tudo isso. Mas as levo comigo no meu coração e tenho um compromisso de mantê-las em minhas orações.

Meu desejo, minha menina, é que você faça amigas. E quando digo *faça*, não é só uma questão de encontrar alguém que ocupe esse lugar na sua vida, porque amizade envolve construir vínculos, laços, com dedicação, entrega e sacrifício, como qualquer outro relacionamento. Que você seja edificada por meio da vida das suas amigas, e possa fazer o mesmo por elas através da sua.

Mas desejo, ainda, que você tenha em seu esposo o seu melhor amigo, já que às vezes será apenas um ao outro que terão, e os dois a Deus, e isso terá de bastar e trazer alegria e contentamento ao seu coração. É um privilégio ser amiga e amante de quem te conhece profundamente e intimamente, e ter nele aquele que mais te ama, mesmo sendo a pessoa que mais percebe suas falhas.

Eu poderia até dizer que, se tudo isso acontecer, como diz um poema de Victor Hugo, "eu não teria mais nada a te desejar". Porém, a verdade é que ainda espero que você encontre em mim alguém com quem se sinta segura em compartilhar sua vida, e que tenha com seus filhos a mesma amizade que terá comigo. Eu amo você, minha princesa, lembre-se sempre disso.

Quando se tornar mãe, lembre-se de não deixar de ser esposa

Minha menina, eis um alerta que eu não poderia deixar de fazer: a maternidade nos convida a ter sempre algo a ser feito, mas não podemos permitir que ela nos roube de tudo aquilo que também devemos ser e fazer, como ser esposa e olhar para nosso cônjuge como o homem que ele é, e não apenas como pai dos nossos filhos.

Já ouvi mulheres dizerem, com muito orgulho, que devem cuidar dos seus filhos, se sacrificar por eles, mesmo quando isso inclui deixar o marido de lado, porque os filhos crescem muito rápido e, quando eles forem embora, elas terão tempo para cuidar do casamento. Eu, por outro lado, não penso assim. Acredito, inclusive, que fazendo isso dessa maneira, quando essas mulheres se voltarem para seus casamentos, não terão mais com quem estar. Sei que vocês exigem tempo, dedicação, esforço e sacrifício, como também sei que, com organização, rotina, prioridades, terceirização do que posso, é possível ter tempo para fazer o melhor para você e seu irmão e ainda me dedicar ao meu casamento.

Uma mãe não deve deixar de ser esposa só porque agora também é mãe e um pai não deve deixar de ser marido só porque também é pai. É lógico que deve haver compreensão, entendimento e apoio em determinadas ausências. Mas não deve haver aceitação de que a ausência, a falta de cuidado, a negligência sejam uma realidade até que os filhos cresçam. Ninguém, absolutamente ninguém, se casa para ser somente uma mãe ou um pai para os filhos. Casamos porque queremos um parceiro de vida, desejamos ser amados e cuidados também por outra pessoa, assim como nos comprometemos a fazer isso por ela. Quando essa necessidade não é suprida por longos períodos, abre-se uma brecha enorme, como se um lugar ficasse vago, aberto para que outra pessoa o ocupe.

Dizer "Ah, mas meu marido me entende e me admira pela mãe que eu sou" para justificar ausências é uma grande ignorância. O entendimento de que você é uma boa mãe não atende às necessidades dele como marido, e a admiração por você exercer esse papel também não supre a falta do que não está sendo feito. É, no mínimo, muita inocência acreditar que pode negligenciar o casamento por longos períodos e que ainda o terá quando estiver disposta a voltar a olhar para ele. Na verdade, essa ausência, falta de cuidado, esquecimento é receita certeira para o divórcio. Se não deseja que algo assim aconteça, meu amor, se organize, terceirize o que puder, tenha clareza de suas prioridades e demonstre isso nas suas atitudes e na forma como divide o seu tempo.

Não adianta dizer que "alguém tem o seu amor" sem que essa pessoa também receba sua atenção e seu tempo. Faz parte da decisão de amar uma pessoa todos os dias poder dispor de tempo de qualidade com ela.

A ordem da vida, meu amor, é que os filhos cresçam e vão embora. Por isso, é importante cuidar agora, não só depois, de quem ficará para sempre.

Uma forma prática para fazer isso acontecer, e manter a chama sempre acesa, é criando o "dia do namoro" com seu cônjuge; um dia na semana, no horário que for mais conveniente para vocês, para que passem juntos, com o intuito de curtir um ao outro, sem a presença dos filhos. No namoro isso é comum, mas muitos casais, depois que se casam, abandonam esse hábito e, depois que têm filhos, arrumam todas as justificativas possíveis para não o fazer. Mas, meu amor, aquilo que você não alimenta, morre. Seu casamento precisa ser alimentado para que a chama permaneça acesa.

Ter esse tempo será possível se você investir em uma rotina para os seus filhos, com horários certos para dormir, por exemplo. Você pode pedir a alguém de confiança para ficar com eles, podendo até tê-los feito dormir antes de sair, se preferir. Ou pode combinar com uma amiga para ela cuidar dos seus filhos um dia, e você cuida dos dela em outro, para que possam ter esse tempo, cada uma com seu cônjuge, em dias diferentes da semana. Essas são apenas algumas sugestões, sei que você pode encontrar um caminho para fazer isso acontecer, se for da sua vontade. Invista mais tempo pensando em como fazer "dar certo" do que inventando desculpas para não fazer.

E, pelo menos uma vez ao ano, se organize para fazer uma viagem de casal. Não precisa ser longa, nem para longe, nem cara. O intuito é criar um tempo maior só do casal, para alimentar ainda mais a conexão e a intimidade. Conte comigo para ser seu suporte com os filhos, se desejar, para que isso seja possível.

Entenda, meu amor, que quando os pais cuidam do casamento, eles automaticamente estão cuidando dos filhos.

Não tenham o divórcio como uma opção

Minha menina, você pode estar se questionando por que estou falando tanto sobre relacionamento se o assunto principal destas cartas é a maternidade. A verdade é que esses dois assuntos estão intimamente ligados.

Como mãe, o meu maior desejo é que vocês cresçam se sentindo seguros, amados e confiantes, na presença do Senhor. E eu acredito que a melhor forma de proporcionar isso é fazendo com que vocês cresçam com um pai e uma mãe que se amam, se respeitam e decidem permanecer juntos para sempre.

Casamentos que duram não são aqueles em que duas pessoas perfeitas fazem as coisas darem certo porque nunca erram. Não existem pessoas perfeitas, nem relacionamentos perfeitos, nem casamento sem erros. O que existe são pessoas que decidiram permanecer juntas apesar de suas falhas, munidas de uma boa dose de perdão, tolerância, amor e compromisso para fazer dar certo, além de muita graça do Senhor para que tudo isso se realize.

Certa vez, ouvi uma frase de G.K.Chesterton que diz o seguinte: "Não se pode amar uma coisa sem que se queira lutar por ela". Então, meu amor, esta é uma carta à qual você poderá recorrer nos dias difíceis, em que estiver decepcionada, às vezes até desiludida, quando em algum momento quiser desistir, pensar que o casamento pode não valer a pena, e que a melhor forma de resolver os problemas é desistindo da relação. Eu quero que você se lembre de que amar vale a pena, seu casamento vale a pena, ver seus filhos crescendo em um lar com pai e mãe vale a pena. Assim como Deus nos perdoou, Ele espera que façamos o mesmo e que, mais do que isso, nós nos lembremos de que já precisamos e ainda precisaremos ser perdoados em vários momentos. Porque é muito fácil nos esquecermos das nossas próprias falhas quando nos apegamos ao erro do outro.

Quando desistir não é uma opção, colocamos nossa energia em buscar uma solução para problemas, conflitos e desavenças. Nós treinamos nosso olhar para não nos demorarmos em defeitos e frustrações, mas para nos afeiçoarmos às qualidades do nosso cônjuge.

Eu sei que permanecer no casamento nem sempre parece uma tarefa fácil. Não venho aqui te prometer que só haverá dias muito bons, nem mesmo a Bíblia nos garante isso, em nenhum estado civil. Mas venho reforçar que vale a pena, porque viver sozinha também tem suas dificuldades. A separação traz muitos desafios, entrar em outro relacionamento e ter seus filhos criados por padrasto e madrasta também é desafiador. Por tudo isso e muito mais, é melhor cuidar do casamento de vocês; resolvam o que for necessário, sem demora, para permanecerem juntos.

Viver para sempre com alguém é um milagre, por isso, precisamos pedir a Deus que nos capacite e guie naquilo que é projeto do Senhor, a família. O mundo pede para que façamos só o que nos gera prazer, sempre. Tenta nos convencer de que merecemos ser felizes a qualquer custo, e que tudo gira em torno da gente. Convida-nos, a todo tempo, a olhar para o nosso próprio umbigo. Mas, minha Linda, nós não devemos servir a esse mundo, nem a nós mesmos. Nosso coração, como está escrito na Bíblia, é enganoso. Não podemos permitir que ele guie nossas ações, senão estaremos perdidas.

Mantenha seus olhos no seu destino, na eternidade, para que possa tomar as melhores decisões no presente.

Seus avós paternos são divorciados, meus pais se separaram e voltaram a ficar juntos. Já eu e seu pai, desde que nos casamos, nos comprometemos a romper com esse ciclo. Uma bênção multigeracional nessa área começaria a partir da gente e alcançaria nossas próximas gerações com essa decisão. Deus é um Deus de gerações. Ele não quer impactar apenas a sua vida, mas, através de você, quer mudar a história de seus filhos, netos, bisnetos. Não se engane, um divórcio não diz respeito apenas ao casal, mas gera um desdobramento na vida das próximas gerações.

Um dia difícil não é uma vida ruim, um erro não define uma pessoa. Não se entregue a suas mágoas, ressentimentos e remorsos. Seja rápida em perdoar e esteja disposta a pedir perdão. Não faça uma lista de defeitos e mantenha sempre viva a lista de qualidades do outro. Esteja disposta a servir mais do que ser servida.

Esta carta pode não ser o que você queria ler, mas eu não posso entregar somente o que você quer, se o custo disso for não te ensinar o que é certo. É por amar você que lembro do que te conduz à eternidade.

O que de mais valioso uma mãe pode fazer por um filho é orar por ele

Eu tenho uma lembrança que sempre me emociona, que é minha mãe de joelhos, TODAS AS MANHÃS, orando por mim e pelas minhas irmãs. Eu me lembro que, logo depois de preparar o nosso café e antes de sairmos para a escola, ela entrava no quarto e começava a orar. Pela janela, eu conseguia vê-la ajoelhada fazendo isso. Não raro, enquanto tomava o café, ouvia o seu clamor. A oração dela despertava em mim sensações diferentes. Eu me sentia amada, tinha certeza de que ela se importava comigo a ponto de todos os dias se colocar de joelhos para pedir a Deus que zelasse por mim. Nunca duvidei de que as orações dela me alcançariam, por isso, me sentia protegida, da mesma forma que me sentia também "vigiada". Sabia que, fosse lá o que eu fizesse naquele dia, Deus estaria vendo, então era melhor fazer o que era certo. Tenho certeza de que isso me garantiu muitos livramentos e evitou muitos arrependimentos.

Nunca me esqueço da oração dela pedindo a Deus que, se estivéssemos fazendo ou pensando em fazer algo de errado, Ele tirasse o nosso sono. Aquilo falava diretamente com meu coração, porque sempre fui alguém que prezou por dormir bem.

Eu não tenho dúvidas de que já deixei de cair muito nessa vida porque minha mãe esteve de joelhos por mim. Também sei que, as vezes em que caí, teve muito do temor dela a Deus para que eu conseguisse me levantar.

Lembro-me de que, ainda adolescente, li um livro chamado *Ei, Deus*, de Frank Foglio, que conta a história de uma mulher que, depois de conhecer a Deus, passou a orar fervorosamente por seus filhos. Lembro-me da fala dela: "Ei, Deus, você está vendo o que meu filho está fazendo?", e de ela entregar tudo, verdadeiramente tudo, ao Senhor.

Minha menina, mesmo você ainda sendo muito pequena, muitas vezes eu não sei o que fazer para te corrigir ou como educá-la. Tenho me visto como essa mãe, dizendo "Ei, Deus, você está vendo o que está acontecendo?", e eu sei que Ele vê, meu amor, e de alguma forma sempre trata em mim e em vocês o que é preciso. A resposta Dele sempre me alcança, seja por meio da Bíblia, de outros livros, de músicas, cursos, da experiência de outras amigas. Não importa como, ela vem. E eu sei que não estou só.

Se tem uma certeza que eu quero que você e seu irmão tenham é a de que vocês também têm alguém de joelhos, orando por vocês, todos os dias.

Eu entendi, meu anjo, que enquanto eu acredito somente nas minhas próprias forças, capacidades, saberes, enquanto penso que sou boa demais, que a resposta para a criação dos meus filhos está sempre em mim, Deus se cala e me deixa tropeçar na minha arrogância. Mas quando reconheço que preciso Dele, Ele está sempre pronto a acolher meu choro, ouvir meu chamado, trazer clareza à minha ignorância e trazer conhecimento àquilo que desconheço. A resposta para tudo está em quem nos criou. Muitas vezes, achamos que sabemos tudo sobre os nossos filhos por acreditarmos que nós os criamos, mas nos esquecemos de que o verdadeiro Criador, não só deles, mas de todos nós, é Deus. Por isso, devemos procurar as respostas Nele.

Li, certa vez, em um livro chamado *Mães intercessoras: Conquistando o coração dos filhos através da oração*, uma frase que dizia: "O mundo conhece muitas mulheres famosas, muitas mulheres bonitas e muitas mulheres ricas, mas a nossa maior necessidade é a de mulheres intercessoras. Se as mães falharem, a família naufraga. Se as mães abandonarem o seu posto, a sociedade se corromperá. Se as mães não forem intercessoras fervorosas, o país mergulhará numa crise de consequências eternas". Eu sei, meu amor, que você também pode fazer muito por seus filhos por meio da sua profissão e de tantos outros tipos de exemplo, mas não se engane: não há nada que você possa fazer de mais valioso do que orar por eles. Faça outras coisas, também, mas não deixe jamais de fazer o que mais importa.

Seja antes de os seus filhos acordarem, seja durante o dia, enquanto realiza seus afazeres, seja com seus filhos, depois que eles dormirem, na madrugada, não importa o horário – ore por eles. E permita que pelo menos em alguma dessas vezes eles te vejam ou ouçam orando. Caso contrário, como saberão que você ora, se sempre faz isso em silêncio ou em algum lugar em que eles não vejam ou ouçam? Como saberão que você lê a Bíblia se só faz isso quando eles estão dormindo ou na escola? É preciso que nosso exemplo esteja ao alcance dos olhos e ouvidos dos nossos filhos para que eles sejam impactados pelas ações que queremos transmitir.

Não use a desculpa de que está sem tempo para Deus. Se você acredita que está ocupada demais a ponto de não ter tempo para orar, então você está fazendo coisas que não deveria, e escolhendo deuses diferentes no lugar do seu Deus. Quando não damos a devida importância para orar pelos nossos filhos, não é por falta de tempo que fazemos isso, mas de prioridade, pois sempre encontramos formas de fazer aquilo que é importante para nós.

Eu espero, meu amor, que você perceba que a maternidade não é um exercício de segurar e controlar tudo em suas mãos, mas de devolver, confiar, entregar para Deus.

Espero que, de todas as memórias que guarde de mim, você tenha, em seu coração, a minha imagem orando por você – e que seus filhos possam receber essa mesma herança.

Ensine os seus filhos a se relacionar com Deus

Meu amor, eu já falei com você sobre a importância de orar pelos seus filhos, mas não poderia deixar de ressaltar, aqui, a importância de você ensiná-los a falar com Deus.

O seu exemplo, claro, é o maior dos professores, mas é preciso fazer um pouco além disso. É preciso convidá-los, diretamente, para falar com Deus.

Quando muito novinhos, enquanto ainda não sabem falar, você deve orar com eles para que ouçam, aprendam e criem o hábito de fazer o mesmo. Mas, assim que começarem a falar, os incentive a participar ativamente desse momento. Você pode começar conduzindo, mas pergunte a eles pelo que desejam agradecer, por quem querem orar, sem apressar esse momento, permitindo que, no tempo deles, eles agradeçam e orem por quem quiserem. Antes de completar dois anos, você já tinha uma longa lista de pessoas por quem orava, como a mamãe, o papai, o Noah, as vovós, o vovô, os tios e as tias, os funcionários da casa, os filhos dos funcionários, a manicure que me atendia, além, claro, dos personagens das histórias que você lia e acreditava existirem, como a Branca de Neve e cada um dos sete anões, sendo seu preferido, o Dunga.

Em algum momento, minha menina, seus filhos podem te questionar sobre por que devem contar tudo para Deus se Ele já sabe tudo. A verdade, meu amor, é que não existe relacionamento sem conversa. Não importa se Ele já sabe, Ele quer ouvir de cada um.

Podemos falar com Deus sobre os pedidos dos nossos filhos? Claro, devemos. Mas isso não pode substituir a conversa que eles mesmos devem ter. A intimidade com Deus é individual – você pode até ter um intermediário para ser apresentado a Ele, mas a construção do relacionamento exige tempo, dedicação, entrega e compartilhamento individuais.

Lembra quando te falei que eu ouvia minha mãe orar por mim? Pois bem, por muito tempo eu me acomodei com isso. Eu pensava, "ela já está contando tudo para Deus e também pedindo e agradecendo a Ele por tudo, eu não preciso fazer o mesmo". Era confortável demais me entregar ao comodismo de orar às vezes, só quando o desespero batia ou algo de muito incrível acontecia. Mas me lembro de um dia ouvir uma história que mudou minha perspectiva em relação a isso.

Lembro-me de ouvir uma mulher contar que tinha muita preguiça de falar com Deus. Que ela não sabia como falar com Ele e, por isso, nunca orava, ou fazia orações curtas, muito objetivas, mais com o intuito de dizer que tinha orado do que de criar um relacionamento com Deus. E ela contou que um dia sonhou que havia morrido e, quando chegou ao céu, muitas pessoas também estavam chegando. Que Deus a recebeu, muito educado, mas polido, enquanto recebia outras pessoas as chamando por apelidos e demonstrando bastante intimidade. A mulher, então, depois de reparar naquilo se dirigiu a Deus e questionou o porquê da diferença de tratamento, e Ele pacientemente respondeu que tratava cada um com a mesma intimidade que desenvolveram ao longo do tempo, em oração. Ela relatou ter acordado desesperada com o que tinha sonhado, e que a vida dela de oração mudou a partir de então.

Compartilhe, se desejar, essa história com seus filhos quando estiverem um pouquinho mais velhos. Mas, desde o começo, os conduza a esse caminho de intimidade, lembrando a eles que nunca somos novos demais para conhecermos verdadeiramente ao Senhor.

Profetize bênçãos na vida dos seus filhos

Quando Deus criou Adão e Eva, a primeira coisa que fez foi abençoá-los: "Criou Deus o homem à sua imagem, à imagem de Deus o criou; homem e mulher os criou. Deus os abençoou e lhes disse: 'Sejam férteis e multipliquem-se! Encham e subjuguem a Terra! Dominem sobre os peixes do mar, sobre as aves do céu e sobre todos os animais que se movem pela terra'" (Gn 1:27-28). Não se engane, Deus não faz nada por acaso. Ele foi intencional em abençoá-los, em marcar o destino deles com cada uma de suas palavras, assim como queria nos ensinar a fazer o mesmo pelos nossos filhos.

Quando escolhemos o seu nome, pensamos no quão agradável seria ser chamada e elogiada ao mesmo tempo. Queríamos que você tivesse um lembrete diário de que é Linda, não só fisicamente, mas por completo. Às vezes, pelas nossas frequentes comparações ou pelos padrões estabelecidos por esse mundo, nos esquecemos de perceber e reconhecer como tudo que Deus fez é bom e acabamos nos tornando inseguras e desgostosas com quem somos por coisas muito pequenas.

Um dos seus brinquedos favoritos era uma preguiça que seus avós te deram no seu aniversário de um ano, ela cantava e estimulava algumas habilidades. Depois de algumas interações, a preguiça dizia: "Muito bem! Você é incrível!", e você passou a se referir a si mesma como incrível! Além disso, sempre que saía do banho e ia se arrumar, você dizia que quem te visse diria: "Nossa, bonitona". Você se via assim e acreditava que as pessoas a veriam dessa forma também.

A cada nova habilidade aprendida, ressaltávamos o quanto você é inteligente. E quando te pedíamos para fazer algo ou falávamos que alguma coisa não poderia ser feita e você prontamente atendia, reforçávamos que você era uma criança comportada. Em alguns momentos, você fazia birra, se comportava mal, fazia ou falava algo que não deveria? Sim! Você era uma criança, que ainda estava aprendendo sobre o certo e o errado e agindo por sua natureza. Mas, nesses momentos, nunca nos referíamos a você com identidades negativas, nunca falávamos: "Você é birrenta, mal-educada, feia, teimosa, difícil, complicada...". Quando algo que não estava certo acontecia, sempre parávamos o que estivéssemos fazendo, nos abaixávamos para ficar na sua altura, olhando nos seus olhos, e perguntávamos: "O que está acontecendo? Você é uma princesa, e princesas não se comportam dessa forma, não fazem isso. Você é uma criança comportada, inteligente, incrível, por que, então, está agindo assim?". Entende a diferença? Nós nunca afirmávamos que você tinha uma característica, identidade, negativa, pelo contrário, trazíamos para aquele momento um lembrete de quem você é, todas as suas qualidades eram reforçadas, e o mau comportamento era corrigido. Queríamos que você entendesse que um erro, uma falha, um momento ou um dia ruim não alteram sua identidade. Você não é ruim, você havia se comportado de forma errada.

Você pode acreditar que aquilo que você quer ou pensa sobre os seus filhos é suficiente, mas o que marca a vida deles não é seu querer ou seus pensamentos, mas suas palavras. Aquilo que você usa a sua boca para declarar. As palavras têm poder, minha menina. A prova disso é que Deus criou o mundo por meio de palavras – "E disse Deus: 'Haja luz'; e houve luz" (Gn 1:3).

Então, pense: o que suas palavras têm criado em seus filhos? Elas têm gerado bênção, confiança, certeza de que eles são amados, ou têm sido palavras de maldição, tristeza e gerado dúvidas no coração deles?

Espero que não seja assim, mas você pode dizer: "Ah, mãe, mas eu e meu irmão deveríamos ser crianças mais fáceis de lidar do que meus filhos têm sido. Às vezes, é simplesmente impossível agir dessa forma". Mas a verdade, meu amor, é que nosso comportamento não pode ser alterado pelo comportamento dos outros. Uma vez, ouvi uma frase que dizia que devemos tratar as pessoas como gostaríamos que elas fossem, e não como elas são. Trate os seus filhos como bênçãos na sua vida, mesmo nos dias em que eles fizerem de tudo para te tirar do sério. Lembre-se, nesses dias, de que Deus está trabalhando em você, tanto quanto você pode trabalhar algumas virtudes neles a partir do seu exemplo.

O livro de Provérbios 18:21 diz: "A língua tem poder sobre a vida e sobre a morte; os que a usam habilmente serão recompensados". Que suas palavras profetizem bênção, vida, alegria aos seus e que jamais seus filhos possam sair da sua presença com a sensação de morte por aquilo que foi proferido por você.

Imponha sua mão em seus filhos e os abençoe. Mesmo que não diga, todo filho anseia pela bênção dos pais.

Invista tempo conhecendo seus filhos

Minha princesa, nossos filhos são seres individuais, únicos, cheios de potencial, qualidades e características que merecem ser conhecidos pela gente. Para isso, é preciso que passemos tempo com eles. Tempo intencional, sem celular, com atenção, olhos nos olhos, que ouçamos o que nos falam e observemos o que eles não nos dizem, mas de que gostam, que fazem e têm aptidão para aprender e desenvolver.

Estava aqui recordando de quando você começou a falar e dizia algumas palavras pela metade, ou de um jeito diferente do que eram de fato, e eu entendia e "traduzia" para as outras pessoas o que você estava dizendo. Era comum que, ao ver isso, alguém comentasse: "Só a mãe mesmo para entender". Era porque eu te conhecia, meu amor. Mas eu sempre quis entender mais do que suas palavras diziam.

Li, certa vez, uma frase de Paulo Leminski em que ele dizia o seguinte: "Repara bem no que não digo". Nós, como mães, precisamos aprender a enxergar além do que nos é dito. Precisamos estar atentas ao que é feito, precisamos procurar entender as reações, os comportamentos, os sentimentos dos nossos filhos. Eis uma tarefa diária, desafiadora, mas recompensadora.

Às vezes, pensamos que, por termos passado um tempo com nossos filhos quando eles tinham determinada idade, já os conhecemos. Mas conhecer é uma tarefa diária, porque todos os dias, a partir das experiências que temos, das pessoas com quem convivemos, do meio que frequentamos, estamos mudando e crescendo.

O Salmo 139 é, para mim, um exemplo do que é conhecer os filhos. Pegue a sua Bíblia e leia esse Salmo com atenção. O Senhor fala sobre como nos fez e como nos conhece. E minha oração sempre foi para que Deus me ajudasse a conhecer vocês como Ele os conhece. Tem uma palavra, nesse mesmo texto, que me chama a atenção. É o verbo "esquadrinhar". Essa palavra tem o seguinte significado: separar, espalhar com o intuito de examinar.

Cada um de nossos filhos chega a nós como um quebra-cabeça desmontado. Para que possamos encaixar cada peça, primeiro nós as espalhamos, para ver melhor cada uma de suas partes. Conhecer os nossos filhos é uma tarefa diária e intencional que envolve expor/espalhar, estudar e analisar cada um deles.

Quando investimos tempo conhecendo um filho, não significa que, por tabela, já conhecemos todos os outros. A tarefa de conhecer é individual, porque Deus nos fez diferentes, únicos e especiais. Mesmo sendo criados pelos mesmos pais, no mesmo ambiente, da mesma forma, cada filho tem seu jeito, sua personalidade, seu temperamento, seus dons e talentos.

Quanto mais conheço vocês, mais me apaixono por tudo que Deus fez e reconheço quão incríveis são. Eu espero que, durante nossa jornada, eu consiga lembrá-los disso.

Eles não são você

Minha menina, assim que nos descobrimos grávidas, geralmente, logo começamos a fazer planos para nossos filhos. Não é por mal, é instintivo. Muitas vezes, já visualizamos vocês cursando aquelas aulas que não pudemos fazer na infância, conhecendo lugares a que não tivemos condições de ir, tendo coisas que nossos pais não puderam nos dar. Nada disso é por mal, mas precisamos ter muito cuidado para que o nosso querer não impeça nossos filhos de ser e fazer aquilo que querem, e não o que queremos para vocês, ou o que um dia foi nossa vontade.

Os filhos não vieram a este mundo para cumprir nossas expectativas e servir aos nossos desejos, sonhos e caprichos. Não vieram para continuar o que começamos, ou cumprir o nosso legado.

Lembra que te falei sobre investir tempo para conhecer os filhos? Então, não basta só conhecê-los, é preciso, enquanto novos, os direcionar mediante aquilo que sabemos deles. Trabalhar seus dons e talentos, fazê-los entender por que agem de determinada forma e como podem lidar da melhor maneira com seu temperamento. Ressaltar suas qualidades, os ensinar a lidar com seus defeitos e prepará-los para tomar suas próprias decisões, quando chegar esse momento, e arcar com as consequências delas.

Como mães, pode ser que, em alguns momentos, tenhamos o instinto de tratar nossos filhos como se fossem uma massinha de modelar nas nossas mãos, para fazermos deles o que quisermos. Muitas vezes, até teremos dificuldade em perceber que isso seria um erro, já que, com nossa experiência, acreditamos poder fazer escolhas melhores para eles em tudo. Mas veja bem, meu amor, e receba, por favor, o que irei te falar com o coração aberto: não podemos ignorar o que nossos filhos são, seus dons, talentos, aptidões, vontades. Deus já deu uma identidade a eles, que precisamos conhecer para direcioná-los melhor, e não para moldá-los à nossa própria vontade e gostos.

Nosso papel é encorajá-los, educá-los, amá-los, inseri-los em bons ambientes, com quem possam ter uma convivência saudável, profetizar bênção na vida deles e ensiná-los, desde novos, sobre princípios, valores e direcioná-los no caminho do Senhor. A partir disso, ajudá-los a ter clareza do futuro e do que precisam ser e fazer para alcançar o que desejam.

Precisamos confiar que, com tudo que lhes foi ensinado, eles terão bagagem para fazer boas escolhas e, se não fizerem, aprenderão com seus erros.

Quero compartilhar com você uma história minha a esse respeito. Depois de já ter feito uma faculdade, eu decidi que voltaria a estudar e prestar vestibular para Medicina. Meus pais me apoiaram nessa decisão e era inegável que ficaram felizes com a escolha desse curso. Lembro-me de minha mãe me falando que, quando eu liguei para contar a ela e ao meu pai que eu havia passado no vestibular, eles estavam quase chegando à roça, mas pararam na cidade antes. Meu pai comprou foguetes, contou para todo mundo que encontrou, mesmo os desconhecidos, que a filha seria doutora e estourou todos os fogos possíveis em comemoração. Lembro que, no meu primeiro dia de aula, ele foi me levar à faculdade. Eu já tinha 22 anos, mas ele queria fazer parte daquele momento e eu ficava feliz por isso. Lembro-me de ele ter me deixado na porta da faculdade, eu andei um pouco e, depois de ter passado do portão, olhei para trás e vi aquele homem grande, de porte forte, se tremendo de chorar dentro do carro. Era um choro de emoção. Era o choro de quem viu o sacrifício de ter desistido de tirar férias durante anos – para com aquele dinheiro pagar por meus estudos – valer a pena. Era o choro por saber que minha vida estava mais próxima do que nunca de ser melhor. Era o choro de um pai que acreditava ter cumprido sua missão comigo nesse âmbito. É impossível, para mim, lembrar disso e não me emocionar.

Quando, no meio do curso, depois de alguns anos pensando nessa decisão, eu cheguei à conclusão de que queria trancar a faculdade para empreender, me dedicar mais aos meus negócios que já estavam dando certo, eu tive muito medo de como daria essa notícia aos meus pais. Eu não queria decepcioná-los.

Eles estavam fazendo, pela primeira vez em anos, uma viagem para praia. Lembro-me de ter ligado para minha mãe e pedido a ela para chamar meu pai, porque eu precisava falar algo muito importante com os dois juntos. Recordo-me, até hoje, de onde eu estava sentada, em casa, quando fiz essa ligação, das minhas mãos frias e tremendo, do meu coração disparado, dos diversos cenários que eu havia desenhado para o desenrolar dessa conversa. Quando, enfim, meu pai chegou ao telefone, contei a minha decisão de trancar o curso para descobrir se, com mais tempo disponível, eu conseguiria expandir mais meus negócios. Meu pai, então, sem mudar o tom de voz, me perguntou se era só aquilo que eu queria dizer e eu disse que sim. E ele falou que não acreditava que eu havia tirado ele do mar, fazendo esse "terrorismo" de que queria falar algo muito sério, só para dizer aquilo. Que estava tudo bem, que ele já imaginava que em algum momento isso pudesse acontecer e que se era isso que eu queria, ok.

Meu amor, de todas as possibilidades que eu havia pensado para essa conversa, nenhuma tinha sido tão positiva assim. Eu havia, de alguma forma, me esquecido de que, para os meus pais, mais importante do que eles pensavam ser o melhor para mim era o que eu dizia a eles que me faria feliz. Meus pais não decidiram nada por mim. Eles não me trataram de maneira diferente por conta da minha decisão. Eles me deram a bênção deles para eu seguir o meu sonho.

Meu pai não chegou a me ver colhendo os frutos dessa escolha, minha menina, ele descansou antes disso. Mas eu sei, no meu coração, que a liberdade que ele me deu de escolher meu destino, de escolher minha jornada, de ser quem eu queria e não o que ele, de certa forma, havia sonhado pra mim foi de grande valia para que eu fizesse o que precisava ser feito, para alcançar os resultados que eu queria, de forma leve e em paz.

Eu sou imensamente grata aos meus pais por isso, meu amor, e peço a Deus essa mesma sabedoria para dar a vocês esse mesmo direito de escolha.

O "não" é um presente

Minha menina, eu me lembro de diversos "nãos" que a minha mãe me deu. Lembro-me também de, na minha adolescência, por vezes pensar e até mesmo falar: "Quando eu tiver meus filhos, não direi isso a eles". Fico rindo, hoje, da minha ignorância e agradeço a Deus pela sabedoria da minha mãe, por não ter dado a mim o que eu queria, mas aquilo de que eu precisava. Hoje, entendo que cada um daqueles "nãos" foi um presente.

Certa vez, ouvi uma mulher contar que, ao falar um "não" para o seu filho, ele disse que ela o tinha deixado triste. E ela sabiamente lhe perguntou: "E você acha que a sua tristeza pelo meu 'não' durará quanto tempo? Uma hora, um dia, alguns dias, uma semana?", e ele respondeu que "Provavelmente, uma semana". E a mulher disse: "Tudo bem, eu posso lidar com isso. Afinal, meu compromisso não é com a sua alegria momentânea, meu filho. Eu suportarei por uma semana a sua tristeza, sua cara amarrada para mim, se isso te conduzir para a eternidade". Essa mãe não fez o que era mais fácil, pois é claro que o mais simples seria agradar aqueles que amamos e permanecer no gosto deles. Mas ela fez o que precisava ser feito, como alguém responsável por conduzir seus filhos para Cristo.

Precisamos, minha menina, estar prontas não apenas para dar as negativas necessárias, mas também para explicar o porquê de assim fazer. Isso porque, enquanto os filhos estiverem sob os nossos cuidados, ainda poderemos fazer determinadas escolhas por eles, mas é preciso que os preparemos para tomar boas decisões no futuro.

É preciso que apresentemos aos nossos filhos a palavra de Deus, é esse o maior referencial que devemos dar a eles, sobre o que é certo e errado, sobre princípios e valores. Li, uma vez, uma frase da Gloria Furman que falou prontamente ao meu coração: "Resista à tentação de reduzir a palavra de Deus apenas a algo agradável". Nossos filhos não podem ouvir apenas sobre graça e misericórdia, mas precisam conhecer toda a Palavra, todos os princípios e as consequências de quando escolhemos caminhar contrariando o que nos foi ensinado.

Minha menina, enquanto você e seu irmão crescem, eu vou sempre procurar fazer o melhor para vocês e sei que, muitas vezes, nossas vontades não coincidirão, mas meu pedido a Deus, desde sempre, tem sido que Ele me direcione, me oriente, me guie para que eu faça o melhor segundo a vontade Dele, e não segundo o que vocês e eu queremos.

Peço a Ele que também a ajude a fazer o mesmo por seus filhos, e que você jamais escolha um prazer ou facilidade momentânea em vez da eternidade. Que você encontre a sabedoria e a força necessárias para fazer isso, e que a compreensão dos meus "nãos" a alcance com uma boa dose de aprendizado, como também me alcançou em relação aos que recebi da minha mãe.

O momento certo para ter filhos

Minha menina, se fizermos a uma dúzia de mulheres a seguinte pergunta: "Qual o melhor momento para se ter filhos?", é bem provável que cada uma nos dê uma resposta diferente. Isso porque cada uma se baseará na sua realidade, nas suas condições, nas suas prioridades e assim por diante.

Eu acredito que não tenha momento certo para ter filhos, mas que o errado seja aquele em que isso acontece fora de um casamento. Que fique claro, de forma alguma estou dizendo que um filho é um erro, mas que seria mais seguro, melhor, ideal, que ele fosse gerado em um lar em que seus pais já tenham decidido estar juntos, um com o outro, para sempre e se unido em matrimônio para selar esse compromisso.

Após eu ter ganhado você, fui à consulta médica de pós-parto, e a dra. Raquel Magalhães disse uma frase que nunca vou me esquecer: "Um dia a mais sem seu filho é um dia a menos que você passará com ele". Ela estava falando sobre nossa cultura atual de adiar cada vez mais a decisão de ter filhos, e de como isso impacta o tempo que teremos com eles, já que, naturalmente, temos uma expectativa média de vida. Se eu tinha, no momento, o desejo de ter um filho em sequência do outro, saí do consultório decidida a, assim que fosse saudável, engravidar novamente, porque eu queria passar o máximo de dias possível com você e seu irmão.

Eu conheço muitas pessoas que adiaram por bastante tempo a decisão de ter filhos, por motivos diversos, como insegurança no casamento, construção de carreira, realização de sonhos, comodismo, falta de vontade ou disposição em ter de se preocupar com alguém além de si mesmo, medo de "estragar o corpo", de complicar a relação, de a vida mudar muito. Ou, ainda, por traumas, como ter criado irmãos quando deveriam ter vivido a infância e agora não querer mais essa "obrigação". Eu não estou aqui para julgar as escolhas dos outros, meu amor, mas para afirmar que também vi boa parte das pessoas que adiaram demais esse momento se arrepender.

Se você tiver dúvidas em relação a isso, minha menina, é preciso que invista tempo questionando as motivações que a levam a não querer ter filhos ou a parar depois do primeiro. É preciso, também, parar de ignorar suas dores e passar a tratá-las, porque decisões baseadas na dor, geralmente, não geram boas escolhas. Tendo feito isso, orem, você e seu cônjuge, para que Deus dê a vocês paz naquilo que concordaram que devem fazer.

Entendo que você queira (se quiser) – e inclusive recomendo que planeje esse momento. Eu mesma me programei para as duas gestações. Só convido você a não se permitir incluir, todos os dias e anos, novas prioridades à frente da construção da sua família.

O mundo moderno tentará te convencer de que a maternidade é algo que impedirá você de realizar sonhos, alcançar sucesso, fazer coisas maiores e mais importantes. Mas entenda, meu amor: não há nada que nos revele os nossos sonhos mais profundos, trabalhe mais as nossas virtudes, nos envergonhe mais dos nossos defeitos, nos faça mais querer evoluir sempre e entregar o nosso melhor do que ter filhos. Os filhos não nos roubam do que é mais importante, eles nos revelam o que mais importa.

A mãe que trabalha fora

Meu amor, muito antes de ter você, na verdade antes mesmo até que eu me casasse, já fazia um exercício de visualizar o tipo de vida que eu gostaria de ter, a esposa que eu queria ser, a família que eu queria construir e o que era necessário que eu fizesse, naquele momento, para que esses desejos se cumprissem no futuro.

Eu cresci com uma mãe muito presente. Assim que eu, a terceira filha, nasci, minha mãe saiu do trabalho e passou a vender roupas, em casa mesmo, para que tivesse mais tempo conosco. Lembro-me de que, quando eu tinha uns dez anos e minhas irmãs eram adolescentes, meus pais abriram uma mercearia em um bairro diferente daquele que morávamos e minha mãe, depois de um tempo, decidiu que mudaríamos de casa, para que ela pudesse ficar mais próxima da gente enquanto trabalhava. Então, saímos da casa própria, que tinha sido um sonho dos meus pais, para morar de aluguel em uma casa menor que a nossa. Poderia parecer loucura para alguns, mas, para meus pais, loucura maior era que crescêssemos longe deles, principalmente em uma idade tão desafiadora.

Eu sabia, minha menina, muito antes de me casar, que Deus havia me chamado para ter mais tempo em casa quando meus filhos nascessem, e foi com essa certeza que fiz algumas escolhas pouco compreendidas por alguns, já que a lógica de Deus é diferente da razão do mundo, mas muito clara para mim.

Eu me organizei para que pudesse trabalhar em casa a maior parte do tempo enquanto vocês fossem pequenos, porque tenho consciência sobre a importância da minha presença intencional na formação do caráter de vocês. Mas sei que nem todas as pessoas têm a possibilidade de fazer o mesmo.

Não se engane, meu amor, a mãe que trabalha fora e pode passar menos tempo com seus filhos não é pior nem melhor do que aquela que fica em casa. É uma mulher fazendo o que precisa, ou o que também foi chamada a fazer.

Muitas dessas mulheres que tiveram de deixar o seu lar por muitas horas do dia nos serviram com seu amor, cuidados, prestação de serviço e facilitaram a nossa vida. Você teve babás maravilhosas que me ajudaram com os seus cuidados, algumas delas deixaram os filhos na creche, na escolinha ou com uma avó enquanto, com muito amor, se dispuseram a cuidar de você, enquanto eu estava, por exemplo, escrevendo cartas como esta.

Sua pediatra, que tem de tempo de consultório o que eu tenho de vida, atendeu a crianças como você, enquanto as filhas dela estavam sendo também cuidadas por alguém.

Eu fui ensinada sobre maternidade e criação de filhos para a glória de Deus por meio da vida de pastoras, que também precisaram, muitas vezes, se ausentar de sua casa por um tempo para que aulas fossem gravadas, palavras ministradas e livros escritos.

Não é errado ter um trabalho, meu amor. Não é errado usar os dons e talentos que Deus te deu para servir à profissão que escolheu.

Escolhendo ou precisando trabalhar fora de casa, só tenha o compromisso de se organizar de tal forma a também oferecer tempo de qualidade aos seus. Quando estiver presente com seus filhos e cônjuge, faça esse tempo valer a pena. Deixe o celular de lado, olhem-se nos olhos, se interesse verdadeiramente por eles.

O sucesso, as conquistas, o dinheiro podem seduzir a gente, portanto, tome cuidado para não fazer do seu trabalho o seu deus e a sua prioridade. Se o que você faz está destruindo sua família, deixe de fazer isso ou mude a forma como tem feito. Se você chega em casa tão cansada que não consegue servir aos seus, então procure outra alternativa de trabalho e sustento, organize melhor seus horários e suas prioridades. Só não se conforme em permanecer vivendo de tal maneira que o sucesso ou necessidade do seu trabalho contribua para o fracasso do seu lar.

É tudo isso!

Minha menina, alguma vez, ao se ver mergulhada na maternidade, entregue a todas as demandas da sua casa e família (que, sabemos, parecem não acabar nunca), vendo outras pessoas realizarem tanto e se deparando com sua roupa na máquina, a pia cheia, os brinquedos espalhados pela casa, as crianças prestes a despertar, você já questionou a Deus: "É só isso mesmo, Senhor? Minha vida agora é só isso?".

Preste atenção ao que te direi, minha Linda, e abra seu coração para receber essa palavra que Deus me revelou quando foi a minha vez de fazer a Ele essa mesma pergunta. Não é "só" isso. É "tudo" isso!

É impressionante a capacidade que temos de reduzir algo tão grandioso a algo pequeno e muitas vezes até insignificante, sem valor. Tudo depende de para onde estão voltados os nossos olhos e quem tem o nosso coração.

Qualquer pessoa pode ser contratada para exercer um trabalho externo. Não se engane: lá fora, você é, sim, substituível. Pode ser que, por um tempo, seja até muito necessária, mas outras pessoas podem ser treinadas e capacitadas para exercer aquilo que você faz. Mas esse lugar que você ocupa como esposa, mãe, como quem dita a energia do seu lar, é só você quem pode ocupar.

Entenda o momento em que você se encontra e não tente fugir da sua realidade, pelo contrário, abrace a sua circunstância. Aproveite cada um desses instantes, que passam rápido demais. Esteja onde mais importa agora pelo maior tempo possível. Seja para os seus aquilo de que eles precisam hoje. E lembre-se: "As crianças não são uma distração do trabalho importante. Elas são o trabalho importante" (C. S. Lewis).

Minha oração, minha menina, é para que quando você chegar a essa mesma fase em que estou enquanto te escrevo, com filhos pequenos, tão dependentes dos meus cuidados, amor e direção, você encontre gratidão, alegria e contentamento no seu momento de vida atual e que consiga, em seu coração e na sua mente, reconhecer que nada daquilo que está a fazer é pequeno.

Vocês me deram mais do que "tiraram"

Minha menina, quando se fala em maternidade, muito se ouve que, com a chegada dos filhos, você perde a liberdade, a chance de tomar banhos demorados, de sair sem precisar de muitos planejamentos. Perde algumas ou muitas noites de sono. Às vezes, perde a comida quentinha, ou que era só sua e agora você passa a dividir com os filhos, já que a comida do prato da mãe é sempre melhor (é o que eles dizem, pensam e demonstram ao comerem do nosso prato). Perde o tempo para assistir às suas séries ou mesmo aquele momento de não fazer nada.

Mas, meu amor, eu estou aqui te escrevendo para falar do que ganhamos, que é infinitamente maior e mais significante. Ganhamos os sorrisos mais sinceros, os abraços mais acolhedores, os olhares mais profundos, a chance de rejeitar nosso egoísmo, de melhorar nossos defeitos, porque nada trabalha mais nossas misérias do que saber que os filhos podem, e provavelmente vão, se espelhar em nossas falas e comportamentos. Ganhamos motivo para fazer o que for preciso e também para deixar de fazer o que não convém. Ganhamos força ao perceber que podemos fazer mais do que achávamos que poderíamos, mesmo em condições limitantes. Ganhamos mais confiança em Deus e mais oportunidade de trabalhar nossas virtudes. Ganhamos mais chances de servir e mais oportunidades de nos doar por completo. Ganhamos um olhar que vai além do nosso próprio umbigo.

Ontem, no final da tarde, eu te perguntei se você queria ir um pouquinho ao trabalho do seu pai e você ficou toda animada com essa programação diferente. Então, nos arrumamos e ele veio nos buscar para nos levar até lá. Em determinado momento, eu tinha te colocado sentada na mesa e estava na cadeira à sua frente. Tinha acabado de te dar um churrasquinho que eles estavam fazendo, quando você me olhou com toda a sua doçura, me abraçou forte e me disse, repetidas vezes: "Obrigada, obrigada, obrigada, mamãe, por levar a Linda pra passear" (adoro quando você fala usando a terceira pessoa). Ah, meu amor, a mamãe chorou naquele momento e chora de novo enquanto escreve. Você fez algo tão pequeno ser tão grandioso que a mamãe ficou até constrangida.

Sou eu quem deveria te agradecer, filha. Você me salvou de mim, de viver pra mim mesma e de ter uma vida muito pequena.

A maternidade, definitivamente, é mais sobre o que se ganha do que sobre o que "se perde".

O amor se constrói todos os dias

Minha Linda, tem uma frase de que gosto muito que diz: "O amor não se constrói nas datas, mas todos os dias". E eu acredito verdadeiramente nisso. É na rotina, nos hábitos, nas pequenas coisas feitas diariamente que demonstramos nosso cuidado, carinho, atenção e amor.

Eu aprendi, com uma mulher extraordinária chamada Devi Titus, que impactou gerações e deixou um grande legado sobre cuidados com a família, que nunca devemos ver um dia como garantido, mas precisamos trabalhar sempre, intencionalmente, para fazer com que cada dia seja especial. Não para nós mesmas, já que viver de maneira centrada em nós pode ser momentaneamente prazeroso, mas é uma receita para a infelicidade. Devemos estar dispostas e comprometidas a servir da melhor forma, todos os dias, ao nosso cônjuge, aos nossos filhos, à nossa família.

Existe um discurso nesse mundo "moderno" de que quanto mais você se entrega, serve, doa, mais se abandona, se esquece, será usada e ficará perdida. Esse discurso é fútil e egoísta. Ter você mesma como centro de tudo e tomar decisões pensando primeiramente em si é uma garantia de realizações limitadas, ou de pouco significado. Um legado grandioso não é sobre você, mas sobre o que Deus pode fazer por meio de você, a começar na sua casa.

Transforme o seu lar em um espaço aconchegante, de onde as pessoas não queiram sair, ou para onde queiram sempre voltar. Lembro-me de que, muitas vezes, quando te perguntávamos aonde você gostaria de ir, você respondia que queria ficar em casa. Porque aqui, o nosso lar, era onde você se sentia bem. Sabe, eu desconfiava que você gostava muito do seu quarto, mas foi no dia do seu aniversário de dois anos que tive mais certeza disso. Sua história preferida era a da Branca de Neve e contratamos uma pessoa para vir de "Fefe", como você a chamava, no seu grande dia. O primeiro lugar que você quis mostrar para ela foi o seu quarto – temos a foto dela na sua cama, porque você queria que ela se deitasse lá para ver o quanto era boa. Não se engane, meu amor, não pense que as coisas boas são somente as caras. No seu quarto não havia nada de muito elaborado ou caro, mas tinha ordem, era aconchegante, tudo podia ser usado por você, havia a sensação de pertencimento.

Li, certa vez, uma frase que dizia: "Uma casa se torna um lar quando, nela, as pessoas usam o tempo para formar vínculos". Uma forma de tornar isso possível é fazendo o máximo de refeições à mesa com a sua família. É lá que os relacionamentos são construídos. Use o melhor que tem para os seus, não faça mesas bonitas e fartas apenas para as suas visitas. O que você tiver, meu amor, use para servir a sua família, e não deixe guardado para momentos que podem nunca chegar a acontecer ou que só ocorrem uma vez ao ano.

Mantenha sua casa organizada, limpa, cheirosa, mas não seja neurótica com isso. A casa deve servir a quem mora nela, e não para vocês ficarem a todo momento servindo a casa, de tal forma que os impeça de desfrutarem de tempo juntos. Uma casa "viva", com pessoas que moram nela, terá sempre coisas fora do lugar. Mas, paciência, você não vive em um museu nem em uma mostra de arquitetura. A casa não é um espaço de exposição, para que fiquemos só olhando as coisas, mas é um ambiente de vida, de movimento, de formação de memórias.

Quando te escrevo, agora, pode parecer que esses cuidados com a casa, com a família, foram sempre muito naturais para mim. Mas a verdade é que eu cresci sendo muito mais inclinada a ter meus olhos e esforço voltados para fora, para o trabalho. Eu tive de aprender, meu amor, a cuidar do meu lar como cuidava dos meus negócios. Eu entendi que meu maior empreendimento era a minha família. E quando isso se revelou a mim, eu passei a estudar e a investir em como poderia servir aos meus da melhor forma.

Não se pode dizer que amamos alguém sem que estejamos dispostos a servir essa pessoa.

Lembre-se, minha menina, de que uma família comum é algo extraordinário. E cada dia que temos com eles será repleto de significado eterno.

Tempo individual

Meu amor, logo que o seu irmão nasceu, nós entendemos que uma forma de mostrar o quanto cada um de vocês é único e especial para a gente era dando aos dois tempo de atenção individual, além do tempo que passaríamos todos juntos. A ideia era que entendessem que, naquele momento, vocês não precisariam dividir a atenção com ninguém, que estávamos ali com vocês e por vocês.

Às vezes, esse tempo era em casa, íamos para um ambiente separado das demais pessoas para brincar, ler, conversar. Em outras oportunidades, fazíamos uma programação externa, que poderia ser ir ao parquinho do condomínio no final do dia ou sair para fazer uma refeição que você gostasse em um lugar diferente, por exemplo. Claro que, à medida que foram crescendo, as programações respeitaram os gostos, desejos e vontades daquela fase. E não podemos nos esquecer das viagens. Sempre amei viajar, minha Linda, e uma das formas que me sinto mais amada é com tempo de qualidade, então talvez seja por isso que leve tão a sério esse princípio. Por isso, eu e seu pai acordamos que teríamos, a cada ano, viagens só do casal, outras da família, e outras, ainda, em que levaríamos apenas um de vocês, para que vivêssemos esse propósito da atenção exclusiva.

Entenda também, minha menina, que nem todos esses momentos precisam ser muito planejados. Podemos aproveitar todas as oportunidades que temos para colocar isso em prática, como uma ida ao supermercado, uma entrega nos correios, uma ida ao salão: tudo isso são chances para oferecermos tempo de atenção individual.

Esses momentos sempre foram ótimas oportunidades para nos conhecermos melhor, nos manter conectados, criarmos memórias, enfrentarmos dias difíceis, celebrarmos conquistas, além de guardarem o potencial de gerar segurança, pertencimento e amor.

Bem sei que nem todo tempo de qualidade precisa envolver algum gasto, como o que vivenciamos em passeios e viagens, mas, para aqueles momentos em que isso é necessário, entendo que nosso dinheiro precisa servir à possibilidade de desfrutarmos desta programação. Porque, no final das contas, meu amor, não é "sobre o que vamos deixar para os nossos filhos", é sobre o que vamos deixar em nossos filhos, e são momentos como esses que garantem boas lembranças e heranças valiosas.

Espero, minha menina, que, ao ler esta carta, você seja inundada de boas memórias de tudo aquilo que vivemos juntas, e que possa se comprometer a viver o mesmo com sua família.

Seja mais comprometida com a salvação do que com o sucesso dos seus filhos

Minha Linda, quando decidimos que havia chegado a hora de você ir para a escola, fizemos uma lista daquilo que avaliaríamos antes de fazer a sua matrícula. Acreditávamos, verdadeiramente, que a escola serviria como uma extensão daquilo que você aprendia em casa, e que também seria um ambiente de influência para você, por isso, precisávamos ser muito responsáveis e criteriosos nessa escolha.

A partir da clareza daquilo que buscávamos e do que era inaceitável pra gente, marcamos algumas visitas e fomos conhecer algumas escolas. Lembro-me de que, antes de sair de casa, orávamos e pedíamos a Deus que não permitisse que fossemos seduzidos por aquilo que fosse enganoso, que nada nos encantasse a ponto de fazer com que negociássemos os nossos valores.

De algumas escolas, gostamos muito, outras já descartamos imediatamente, mas lembro-me de que uma delas nos fez ficar com muita dúvida. Ela oferecia algo que eu e seu pai não havíamos aprendido e que, ao longo da nossa vida profissional, e até mesmo social, muitas vezes sentimos falta. Em contrapartida, ela rejeitava, claramente, muitos dos princípios de que não abriríamos mão. Apesar disso, meu amor, preciso confessar que ficamos muito tendenciosos a te matricular lá e, por vezes, tentamos nos convencer de que estaríamos oferecendo a você o que nossos pais não puderam oferecer pra gente.

Lembro-me de que, durante uma semana inteira, a dúvida ocupou o nosso coração. Até que, em uma noite, Deus me despertou na madrugada e me constrangeu ao me lembrar da minha oração, e de como eu havia sido facilmente seduzida por algo tão pequeno em comparação àquilo de que eu deveria abrir mão para ter isso.

Minha princesa, naquela madrugada eu chorei muito ao me dar conta do erro que poderia ter cometido e agradeci imensamente a Deus por ter trazido, novamente, esse entendimento e essa clareza para o meu coração.

Logo que seu pai acordou, nós conversamos e não restava mais dúvidas, sabíamos exatamente aquilo que deveríamos fazer por você. Entendemos que precisávamos estar mais comprometidos com a sua salvação do que com seu "sucesso". Que nenhum aparente benefício na sua vida ou futura carreira valeria a pena, se princípios precisassem ser sacrificados no processo.

Com essa clareza, uma decisão que parecia difícil se tornou muito simples.

O que é errado é errado, mesmo que boa parte das pessoas esteja fazendo, e o que é certo continua sendo certo, mesmo que muitas pessoas tenham aberto mão disso.

Todas as vezes que eu, tão falha, com motivações tortas, me vejo sem saber o que fazer, procuro me lembrar de uma pergunta que aponta para a direção certa, que é: "O que faria Jesus se estivesse em meu lugar?". Confesso que, muitas vezes, eu sei rapidamente qual a resposta, mas tento negociar para "convencer" a mim mesma e a Deus de que meus motivos são válidos para escolher um caminho diferente. Mas a verdade, meu amor, é que quando ignoro a vontade e os princípios de Deus, as coisas não ficam mais difíceis para Ele, mas para mim. E, nesse caso, também ficariam para aqueles a quem amo e por quem sou responsável, que são vocês, meus filhos.

É preciso, meu amor, ter muito cuidado com o solo que escolhemos para o crescimento e o desenvolvimento dos nossos filhos. Principalmente quando eles ainda são muito pequenos e com o caráter em formação, bem como o senso do que é certo ou errado. Não podemos contribuir para que seja semeado neles aquilo que não queremos permitir que cresça.

Eu espero, minha menina, que quando chegar o momento de você fazer escolhas como essa, esta carta venha à sua memória e esses ensinamentos alcancem o seu coração com a clareza necessária para te ajudar a tomar a melhor decisão. E que, se alguma dúvida ainda restar, você se permita reconhecer que seus filhos são mais de Deus do que seus, e que a vontade Dele em relação ao que precisa ser feito deve prevalecer, e não a sua.

Não julgue os dias pela colheita

Minha menina, enquanto eu crescia, ouvi minha mãe repetindo uma série de frases, recomendações, direções, como "escove os dentes", "não converse de boca cheia", "não precisa falar gritando", "lave as mãos depois de usar o banheiro", entre tantas outras. É provável que você se lembre de algumas frases que eu também tenha dito para você e seu irmão com determinada frequência. Isso porque ensinar é repetir.

Não tenha a ilusão de que dizer uma vez é o bastante, de que se estiverem verdadeiramente prestando atenção vão entender a ponto de colocar os ensinamentos sempre em prática. As crianças podem até entender, mas criar um hábito exige mais do que apenas compreensão, exige que façamos a mesma coisa muitas vezes. Por isso, cabe a nós, mães – e falo "mães" por acreditar que somos quem passa mais tempo com os filhos –, o exercício amoroso da repetição como forma de orientação e instalação de um hábito.

Eu sei que esse trabalho pode parecer, muitas vezes, cansativo e frustrante. Ao longo do dia, me pego explicando a mesma coisa repetidas vezes. E quando ele acaba, me questiono, como em boa parte dos outros dias, se tive algum êxito no que me propus a ensinar.

Li uma frase, certa vez, que dizia "não julgue os dias pelas colheitas que você faz, mas pelas sementes que planta". Por isso, apesar de nem sempre ver imediatamente os resultados daquilo que insisti em ensinar, sigo plantando o melhor que posso, com a graça de Deus, na vida de vocês.

Meu amor, esta carta é um lembrete para que você não baseie a constância das suas orientações nos resultados que enxerga. Que você entenda que o compromisso com o que deve ser feito precisa ser maior do que a vontade de fazer, já que a vontade pode nos faltar alguns dias e precisaremos fazer assim mesmo. Lembre-se do que está escrito no Salmo 126:5-6: "Os que com lágrimas semeiam, com júbilo ceifarão. Quem sai andando e chorando enquanto semeia, voltará com júbilo, trazendo os seus feixes". Não existe promessa, minha menina, de que o plantio será fácil, mas o que cremos e onde precisamos manter os nossos olhos é no fato de que a colheita vale a pena.

Você pode mudar de ideia

Minha princesa, tem uma frase de C. S. Lewis que fala muito ao meu coração: "Se você está no caminho errado, voltar atrás significa progresso". Nem sempre, na maternidade e nas demais áreas da nossa vida, acertaremos o caminho de primeira, mas não precisamos ter compromisso com o erro. Quanto antes o admitimos e corrigimos o percurso, mais rápido podemos colher os benefícios de uma escolha nova e acertada.

Para algumas decisões que tomaremos, já existem manuais claros que nos norteiam, como a própria Bíblia. Para outras, vamos precisar entender a nossa realidade, testar, muitas vezes errar e aprender.

Pode ser que você tenha convicções fortes sobre algo. Eu também as tinha em relação a muitas coisas, mediante o que já havia lido, estudado, presenciado. Mas quando a maternidade se tornou real na minha vida – e não só uma ideia de que "quando eu for mãe farei assim" –, e à medida que fui inserindo algumas dessas ideias em minha realidade, ou que tive mais esclarecimento de determinadas coisas, comportamentos, escolhas, atitudes, percebi que aquilo que eu entendia como certo nem sempre era o recomendado, ou não servia para a nossa família.

Talvez, como eu, você seja alguém que tenha o hábito de compartilhar suas ideias e pensamentos publicamente. Quando isso acontece, muitas vezes, nosso ego e vaidade nos impõem certa resistência em reconhecer que estávamos erradas, que não pensamos mais daquela forma, que mudamos de ideia. Muitas vezes, surge aquele medo de que, ao reconhecer que um pensamento ou decisão não eram certos, isso desqualifique ou coloque em dúvida todas as outras coisas que fazemos e falamos. Porém, meu amor, você não é só uma ideia, uma atitude, um comportamento, e sua credibilidade não está atrelada a apenas uma coisa, mas a toda a sua vida e aos seus resultados. Portanto, não sustente decisões ou pensamentos errados só por vaidade.

Esta carta, minha Linda, é um lembrete de que você pode mudar de ideia. Um lembrete de que crescer e aprender, muitas vezes, vão exigir que você faça isso, e, ao fazê-lo, permita que seus filhos aprendam com você. Explique por que pensava de determinada forma e tomou alguma decisão, e o que te fez mudar de ideia. É uma bênção permitir que os nossos filhos também aprendam com os nossos erros e percebam que uma jornada de sucesso não é feita só de acertos.

Não é sobre mim,
nem sobre você

Minha menina, você já ouviu uma frase que diz: "Nasce uma mãe, nasce a culpa."? Pois bem, ela é muito verdadeira. Por mais que nosso desejo seja o de sempre fazer o melhor, ele se confrontará com a nossa humanidade falha, com nossas limitações, com as nossas circunstâncias, e nem sempre o que vamos oferecer será o que deveria ter sido feito.

Eu gostaria de nunca ter errado com você e com seu irmão, meu amor, mas já falhei muito com vocês. Eu já permiti que minhas emoções, cansaço, humor, vaidade, ego, pecado falassem mais alto. Que minha ignorância, meu não saber, minha certeza de que sabia demais, meu tempo gasto com coisas menos importantes fizessem com que eu tomasse decisões erradas.

Eu já perdi a paciência com vocês, já esperei que agissem como adultos quando ainda eram crianças, e já fiz coisas diferentes das que procurei te ensinar nestas cartas.

Eu já acordei desejando que o dia passasse logo, já apoiei a minha preguiça na comodidade do uso de telas, já me escondi da minha realidade no banheiro, já murmurei por motivos pequenos que, no meu vitimismo, muitas vezes fiz parecer serem problemas grandes.

Mesmo nas vezes em que eu dei tudo de mim, ainda assim, em muitas delas eu falhei. Errei sem querer errar, mas errei.

Esta carta, meu amor, não é sobre a mãe que eu queria ser, mas sobre a mãe que tantas vezes eu fui e sou.

Você não tem ideia de como me envergonho desses meus dias, momentos, falhas e misérias. De quanto já chorei por cada um deles e de como clamo, diante do Senhor, para ser uma mãe melhor para vocês.

Eu preciso trabalhar minha culpa com frequência, para não ficar trazendo condenação constante sobre mim, mesmo quando já admiti meu erro; pedi perdão e mudei meu comportamento. Deus precisa me ensinar, todos os dias, que se Ele me perdoa e não traz condenação novamente para esse mesmo pecado, eu também não deveria transformar erros passados em minha identidade. Não é fácil, mas sigo buscando melhorar nisso e em tantas outras coisas.

Eu espero que você não tenha lido esta carta com a expectativa de que eu diga que algo aconteceu em algum momento e eu me tornei uma mãe perfeita, a ponto de também te ensinar como fazer isso.

Eu não quero que você acredite que existe uma fórmula garantida de maternidade sem erros, porque nós, meu amor, todas nós seguimos sendo falhas. Mas quero que tenha a certeza de que ela pode ser melhor, não por nossas próprias forças e saber, mas pela graça.

Ah, meu amor, não se engane, estas cartas não são sobre mim, sobre o que eu fiz, nem mesmo sobre você. São sobre Deus, sobre a generosidade Dele conosco, sobre Sua graça e misericórdia, que se renovam a cada dia sobre as nossas vidas.

Deus é o exemplo, Ele é a referência, Ele é o modelo, porque somente Ele não falha.

Que não nos esqueçamos de elevar nossos olhos para o alto, pois é do Senhor que vem o socorro de que precisamos.

Um dia será o último

Meu amor, há sempre um último dia para todas as coisas e ele não demora a chegar.

Ainda há pouco, vocês eram apenas um sonho, depois vieram as gestações e, quando me dei conta, já era a última vez que os sentia chutar na minha barriga e que imaginava o rosto de vocês sem que os conhecesse.

Por mais que alguns dias pareçam se arrastar, não se engane. Todo dia reserva um último dia em que algo vai acontecer e é preciso que nossos olhos fiquem atentos e nosso coração esteja disposto a aproveitá-los, antes que não tenhamos mais a chance de viver aquilo novamente e só nos reste a saudade.

Um dia será o último dia em que seu filho te chamará à noite, você levantará de madrugada e o encontrará no berço, ou ele baterá à sua porta, ou chegará de mansinho no seu quarto e se infiltrará entre você e seu marido na cama.

Um dia será o último dia em que você preparará a lancheira dele, a mamadeira, montará seu prato, dará comida na boca, o verá provar alguma coisa pela primeira vez, limpará sua bagunça depois das refeições.

Um dia será o último dia em que você o verá se arrastar, engatinhar e cambalear até você, enquanto dá seus primeiros passos.

Um dia será o último dia em que você trocará suas fraldas, o banhará, poderá escolher suas roupas e ele precisará de sua ajuda para vesti-las.

Um dia será o último dia em que você encontrará brinquedos espalhados pela casa e bicicletas pequenas na sua garagem.

Um dia será o último dia em que eles acreditarão que "beijo sara dodói", pedirão sua ajuda para fazer algo e acreditarão que você pode e sabe tudo.

Um dia será o último dia em que eles deixarão você fazer cócegas em suas barrigas e cheire os pés deles.

Um dia será o último dia em que você comprará uma mochila nova para que eles levem à escola, os levará até a aula, os deixará na porta da sala e poderá dar e receber deles muitos beijos, sem que se envergonhem disso.

Um dia será o último dia em que vocês cuidarão juntos dos cachorros e que você ensinará a seus filhos algo novo.

Um dia será o último dia em que você os levará ao parque, ao circo, ao cinema, à igreja, à casa de um amigo, e eles aceitarão andar de mãos dadas com você em público.

Um dia será o último dia em que você os ouvirá chamar "mamãe, mamãe, mamãe" para tudo que acontece ou deixa de acontecer.

Um dia será o último dia em que eles pedirão colo, porque depois não vão mais caber nele ou mesmo querer.

Um dia será o último dia em que você será a primeira pessoa a que eles ligarão para contar algo.

Um dia será o último dia em que você dirá "pula" e dará conta de apará-los, já que eles vão crescer e podem se tornar maiores que você.

Um dia, quando você se der conta, já é um último dia, uma despedida, um adeus a algo que nunca mais vai voltar. E você sentirá que alguns momentos escaparam pelos seus dedos e desejará, de todas as formas, poder voltar alguns dias, alguns instantes, para conseguir de alguma forma vivê-los melhor.

Todo dia é um último dia de alguma coisa, meu amor, e por mais que, quando entendemos isso, a gente queira só mais um pouquinho, queira de alguma forma fazer desacelerar, a gente não pode evitar últimos dias. Só podemos, da melhor forma, intencionalmente, aproveitar cada um deles.

Dos seus primeiros dias a cada um dos seus últimos dias, *Bem te quero*, minha Linda.

Com todo o meu amor,
Mamãe

Agradecimentos

Este livro só existe porque, primeiramente, Deus me concedeu vida e me abençoou com o privilégio de gerar outras.

Porque meus pais, Carlúcio e Janet, mesmo depois de decidirem não ter mais filhos e serem surpreendidos com uma terceira gestação, escolheram me amar no exato momento em que souberam que eu já existia e mudaram todos os seus planos para me receber.

Existe porque minha sogra, Rejane Mendes, criou um homem maravilhoso que se tornou um marido incrível e um pai extraordinário.

Porque tenho um marido amoroso, que sonhou, junto comigo, sermos uma família, e que reconhece que o que somos é o nosso maior tesouro. Ele sempre foi meu principal incentivador, o primeiro a acreditar em mim, nunca me permitiu desistir dos meus sonhos, pois sempre sonhou e realizou comigo. Não há nada que seja só meu: é tudo nosso. Amo você, Fellipe Morais.

Existe pelos meus filhos, Linda e Noah Morais, pelo meu desejo de que tenham acesso a tudo o que escrevi se um dia eu não puder dizer a eles pessoalmente. E pelas gerações que vierem a partir de cada um deles.

Porque tenho uma amiga, Karina Peloi, que sempre suscita em mim o desejo de contribuir mais, de servir mais a este mundo com tudo o que aprendi até hoje. Karina, que tem o dom de levantar outras mulheres e o potencial de despertar saúde, esperança, prosperidade e sonhos em cada pessoa que tem o privilégio de ouvi-la, durante um curso seu, me fez decidir escrever esta obra. Para mim, existem várias formas de maternar, de gerar, de produzir frutos, e este livro nasceu quando Karina abraçou seu chamado para falar sobre o feminino, por isso sinto que, de alguma forma, ele também é filho dela.

Existe porque eu tenho uma rede de apoio maravilhosa. Eu nunca vou saber como agradecer à minha irmã, Maria Luiza, pelo amor e cuidado que tem com meus filhos, como se fossem filhos dela. Da mesma forma que meu coração transborda de gratidão por cada babá que, com tanto amor e carinho, cuidou dos meus filhos, em especial Jane, Angélica e Maria Marciolina (Inês).

Porque Cinthia Dalpino me respondeu prontamente, quando eu, receosa, perguntei se ela poderia "me ler". Porque ler algo que escrevemos é ler um pouco da gente. E Cinthia me encorajou a enviar este livro para Anderson.

Existe porque Anderson Cavalcante, mais uma vez, me deu um "sim". E, junto com o time extremamente competente da Buzz, permitiu que as palavras do meu coração se tornassem um livro.

Porque, todos os dias, há pessoas que estão orando por mim, pela minha família e pela mensagem que carregamos com nossas vidas e palavras.

Existe por cada leitora, cada seguidora, cada mamãe, cada filha que me incentivou a escrever, que disse estar pronta para ler este livro mesmo sem saber sobre o que ele seria.

A cada um de vocês, muito obrigada!

Que Deus abençoe a vida de vocês como vocês abençoam a minha vida!

© Leonardo Morais

FONTES GT Sectra, Yatra One, Euclid Flex
PAPEL Pólen Bold 90 g/m²
IMPRESSÃO Imprensa da Fé